내 아이와 영어산책

내 아이와 영어산책

영찰알 부모의 슬기로운 영어 공부법

정채관·정영옥·Steve Mann·Fiona Copland·김보민

지음

한국문화사

감사의 말

2011년 2월 박사 학위를 받은 후, Steve Mann 교수와 Fiona Copland 교수의 제안으로 이 책을 시작했지만, 중간에 피치 못할 사정으로 중단되었다. 하지만 10년이라는 시간이 헛되지 않았다.

10년 동안 서울대, 연세대, 서강대 등에서 강의하였고, 국무총리실 산하 정부출연연구기관인 한국교육과정평가원 영어시험출제연구실, 영어교육센터, 임용시험센터, 교육과정·교과서본부, 교육평가본부 등에서 초·중등 영어와 교육과정 개발, 2015 개정 교육과정에 따른 고등학교 「영어 I」교과서 검정 등 다양한 국가 정책연구를 수행하며 이론과 연구 역량을 쌓았고, 국가영어능력시험, 초·중등 교사 임용시험, 초·중·고등학교 졸업학력 검정고시 등 국가시험의 기획 및 평가위원을 역임하며 현실적 경험을 할 수 있었다. 두 아이를 키우며 하루하루 겪게 되는 생활 속에서 책이나 연구를 통해 접하지 못하는 관찰도 할 수 있었다.

어떻게 보면 이 책이 나오기까지 10년이라는 시간이 더 걸렸지만, 그 10년이라는 시간 만큼 책은 더 숙성되며 더 큰 틀에서 무엇이 문제이고, 그 문제를 어떻게 해결할 수 있을지에 관한 고민을 할 수 있었다. 또한, 그 과정에서 월간조선, 조선뉴스프레스, 매일경제에 칼럼을 연재하며 생각을 정리할 시간을 가질 수 있었던 건 지금 돌이켜봐도 운이 좋았다.

이 책이 출간되기까지 도움을 주신 서울교육대학교 영어교육과 홍선호 교수님, 대구교육대학교 영어교육과 김영숙 교수님, 서강대학교 영어영문학과 김치헌 교수님, 인하대학교 영어교육과 이소영 교수님, 윤서인 선생님, 정윤나 선생님, 김태국 박사님, 잉글리시헌트 한정림 대표님, 매일경제 조광현 기자님 등에게 감사의 말씀을 드린다. 초고를 보내고 난 후 수년이 지나도록 감감무소식이었음에도 끝까지 기다려 주신 한국문화사 김진수 대표님, 조정흠 부장님, 김세화 선생님을 비롯한 관계자 여러분께 진심으로 감사하다.

마지막으로 이 책이 나올 때까지 묵묵히 기다려준 가족에게 감사한다.

2021년 5월
대표저자 정채관

머리말

캐나다 워털루대학교의 심리학자 이고르 그로스먼은 지혜를 인생의 문제를 헤쳐나갈 수 있도록 돕는 추론 능력이라고 하였다. 문제 해결하는 방법은 다양하지만, 누구나 제일 나은 방법을 고민한다. 문제 해결 능력을 키우기 위해서는 판에 박힌 사고의 틀을 벗어나 상자 밖에서 문제를 바라보고 해결 방법을 생각해 내야 한다며 다양한 학문을 접하라고 한다. 글쎄.. 그렇게 다양한 학문을 접한 내 경험으로는 다양한 학문이 아니라 다양한 세상을 보는 게 더 현실적이라고 생각한다. 다양한 세상을 접하며 미처 생각하지 못했던 것들을 계속 접하다 보면 현재 내가 맞닥뜨린 문제 해결도 점차 실마리를 잡을 수 있지 않을까? 내 아이가 그렇게 크면 좋겠다.

이 책은 내 아이가 스스로 책을 즐겁게 읽을 수 있게 되는 시점까지를 목표로 한다. 지구 상에 누구도 100% 똑같은 사람은 없다. 뭔가를 학습해 가는 과정도 마찬가지다. 이 책을 통해 독자들이 남과 다른 내 아이의 영어 학습을 어떻게 도와줄 수 있을지 해결의 실마리를 찾길 희망한다.

차례

1

영어는 **실수**와
오류를 저질러야 는다

❶ 들어가기

영어 단어 중에 mistake^실수와 error^오류가 있다. 영어 교육학에서 mistake는 알고 있는 것을 조심하지 않아 잠시 착각한 것이다. 말 그대로 단순 실수다. 반면, error는 같은 실수를 되풀이하는 것이다. 오류는 뭔가 잘못 알고 있고, 그것이 잘못된 것인지 모르고 반복해서 저지르는 것이다. 영어 실력을 늘리기 위해서는 오류를 점차 줄여가는 게 핵심이다.

2 아이가 영어를 틀릴 때마다 고쳐줘야 할까?

아이가 영어로 말하다 틀릴 때가 있다. 그럴 때마다 그 자리에서 바로 틀린 것을 고쳐주는 게 아이의 영어 실력 향상에 도움이 될까? 예상보다 아이가 영어를 틀릴 때마다 그 자리에서 바로 고쳐주는 게 좋다고 생각하는 사람이 많다. 하지만 그렇게 하는 게 실제 아이의 영어 실력을 늘리는 데 도움이 될 거로 생각하냐고 물으면, 확신에 찬 대답을 못 한다. 막연히 그렇게 하는 게 아이에게 도움일 될 것으로 생각해서 그렇게 한다고 대답하는 경우가 많다. 왜 그럴까? 아이가 영어를 틀리면 고쳐줘야 한다는 강박관념이 있는 것이 아닐까? 아이가 영어로 말하다 틀리면 다른 사람이 들을까 봐, 혹시 창피해서 아이를 다그치는 건 아닐까?

아이가 처음 우리말을 배울 때 계획을 세우고 진도에 맞춰 우리말을 배우지는 않는다. 아이는 자기 페이스에 맞춰 자연스럽게 우리말을 배운다. 조금 빨리 배우는 아이가 있고, 조금 천천히 배우는 아이가 있다. 이런 배움의 속도를 무시하고 무리하면 탈이 난다. 엄마가 옆에서 틀린 걸 그 자리에서 바로 고쳐준다 해도 아이의 우리말 실력이 급격히 늘지 않는다. 오히려 역효과가 날 때가 있다.

그렇다고 아이가 영어를 틀릴 때마다 내버려 두라는 얘긴 아니다. 다만, 우리말을 배울 때와 마찬가지로 영어를 틀릴 때마다 그 자리에서 바로 고쳐주는 건 아이의 학습 의욕을 낮추고 아이가 영어할 때 심리적으로 불안하게 만들 수 있다는 점을 기억하자.

아이가 영어로 말하다 틀렸다는 것은 그동안 배운 것을 용기 내어 시도한 것으로 해석할 수 있다. 영어를 틀리는 건 영어를 배울 때 거쳐야 하는 자연스러운 과정이며 필요한 과정이기도 하다. 우리말을 배울 때도 마찬가지다. 어린이집에 다니는 내 둘째 아이의 우리말은 완전하지 않다. 불완전한 문장을 만들며, 내용이 뒤죽박죽 섞이고 문장을 마무리 짓지 못할 때가 많지만 내버려 둔다. 시간이 걸리겠지만, 아이가 다른 아이와 얘기하면서, 또는 엄마나 아빠와 얘기하면서 불완전한 문장을 조금씩 스스로 고쳐갈 것을 알기 때문이다.

영어를 외국어로 사용하는 우리나라 환경에서는 영어를 우리말처럼 늘 사용하지 않으므로 아이가 우리말을 배우는 과정과 같이 스스로 불완전한 문장을 고쳐나가는 것이 현실적으로 어렵다. 그래서 어떤 사람은 아이가 틀릴 때마다 지적해줘야 고쳐야할 부분을 알게 되므로 도움이 된다고 주장하기도 한다. 앞서 말했듯이 아이가 영어를 틀렸을 때 고쳐주지 말라는 얘기가 아니다. 아이가 틀렸을 때 신중하게 접근하라는 얘기다.

그럼 영어를 틀릴 때 어떻게 고쳐주는 게 좋다는 건가? 틀린 것을 고쳐주는 방법을 고민하다 보면, 어떤 것을 고쳐줄지, 어느 정도 고쳐줄지, 누가 고쳐줄지 등 여러 가지 문제를 고민하게 된다. 누누이 강조하지만, 틀린 것을 고쳐줄 때는 매우 조심해야 한다. 한 번의 부적절한 '지적질'로 아이가 예상치 못한 상처를 입을 수 있고, 그것이 트라우마가 되어 평생 영어를 멀리하게 될 수도 있다. 특히 아이가 어릴 때는 더더욱 조심스럽게 접근해야 한다.

아이가 영어를 틀릴 때, 우선 순간적으로 틀린 것인지, 아니면 뭔가를 잘못 알고 있는 것인지를 구분해야 한다. 실수는 말 그대로 **실수**^mistake이고, 오류는 **오류**^error이다. 실수는 아이가 순간적으로 영어를 잘못 사용한 것이다. 어느 시점이 되면 대부분 스스로 고칠 수 있다. 오류는 아이가 뭔가 잘못 알고 있거나, 아예 뭘 몰라서 실수를 되풀이하는 것이다. 오류는 일시적이지 않으므로, 누군가가 틀린 부분을 알려주고 고쳐줘야 한다. 안 그러면 계속 같은 실수를 되풀이하고, 잘못된 표현이 굳어진다.

오류는 아이의 언어 발달 단계와 밀접한 관계가 있다. 특히 다른 사람과 의사소통하며 의미 전달에 결정적인 영향을 끼치는 오류는 아이가 도움을 받아 고칠 수 있도록 하는 것이 좋다. 아이도 굳이 장난치는 게 아니라면 뭐가 잘못된 것인지를 알면 일부러 잘못된 표현을 계속 쓰려 하지 않는다(물론 내 첫째 아이와 같이 예외는 늘 있지만)

아래 영어 선생님과 우리집 첫째인 소호의 대화를 살펴보자.
1) 어떤 것이 고쳐졌는지, 2) 어떤 것이 실수인지, 3) 어떤 것이
오류인지 구분해보자.

선생님 : What did you eat last night Soho?
소호　 : I eat Sarada.
선생님 : You have to be careful with your pronunciation. Sarada?
소호　 : Sarada?
선생님 : That's Konglish.
소호　 : Sarada, ahh no, no, no huh?
선생님 : Let's see, let me write it here (종이에 쓰며) SALAD.
소호　 : Salad. I ate Salad last night.

　선생님이 소호에게 어제 뭘 먹었냐고 묻자 소호는 **사라다**
(sarada)를 먹었다고 대답한다. 그러자 선생님은 소호에게 발음
을 주의하라고 얘기해준다. 그런데 소호는 뭐가 잘못된 것인지
잘 모른다. 선생님이 **사라다**(sarada)가 잘못된 표현이라는 뉘앙
스로 다시 **사라다**(sarada)라고 하자, 소호는 뭐가 잘못된 건인지
잘 모르겠다는 반응으로 **사라다**(sarada)를 되묻는다. 그러자 선
생님이 그건 콩글리시라고 하자, 소호는 그럴 리 없다며 선생님
에게 계속 되묻는다(Sarada, ahh no, no, no huh?). 선생님이 종
이에 SALAD라고 써서 보여준다. 그제야 소호는 **샐러드**(Salad)라

고 읽는다.

위 대화에서 선생님은 소호에게 발음을 주의하라고 얘기해줬다. 소호가 실수했을 수도 있었기 때문이다. 그런데 소호는 무엇이 잘못된 것인지 잘 모른다. 전형적인 오류다. 비슷한 예로, 아이가 apartment를 아파트라고 하고, television을 텔레비라고 할 때가 있다. 우리나라에는 외국어와 외래어가 혼재되어 잘 못 사용되기 때문이다[*]. 외래어는 외국에서 들어왔지만, 국어처럼 사용되는 말이며, 한국어 자음과 모음으로 쓴다. 예컨대, bus는 외국어(영어)지만, 버스는 외래어이다. 이런 혼란은 학교현장에서 지침으로 사용하는 우리나라 영어과 교육과정에도 잘못 나와 있어서 일상생활에서 뿐만이 아니라 학교현장에서도 수업 시간에 외국어와 외래어를 적절하게 구분하지 못하고 사용되는 경향이 있다. 외래어 중에는 콩글리시라고 불리는 단어들이 많다. 이런 콩글리시는 말 그대로 한국에서만 통용되는 말이지 영어가 아니다. 따라서 아이에게 apartment를 영어로 알려줄 때와 아파트라는 외래어를 알려줄 때 구분해서 알려주어야 한다.

한편, 선생님이 소호가 처음에 잘 못 사용한 eat의 시제를 고쳐주지 않은 점에 주목하자. 대화를 살펴보면 소호가 eat의 과거

---

[*]   영어와 외국어 잘못 사용에 관한 자세한 내용은 참고문헌에 나온 정채관과 권혁승(2017)을 참고한다.

형인 ate를 사용해야 정확하게 사용한 것이다. 하지만, ate 대신
eat를 사용했고, 두 번째는 eat의 과거형인 ate를 정확하게 사용
하였다. 선생님은 이를 단순 실수로 판단하였고, 이 실수를 굳이
지적하지 않았다. 아이에게 상처를 주지 않기 위해서는 일시적
인 실수는 잠시 내버려 두고, 오류로 판단되는 것에 집중하여 먼
저 바로잡아 줘야 한다. 참고로 아무리 중요한 오류라도 한 번에
여러 개의 오류를 고치는 것은 지양하는 것이 좋다. 오히려 아이
에게 혼란만 줄 수 있기 때문이다.

❸ 영어 오류를 언제 고쳐주는 게 좋을까?

아이가 영어 오류를 저지를 때, 그것을 바로 고쳐줄지 일단 그대로 둘지 결정해야 할 때가 있다. 오류를 저지를 때마다 지적하는 건 아이의 학습 의욕을 낮추고 영어를 정확하게 사용하고 있는지 불안감을 일으킬 수 있기 때문이다.

오류를 언제 고쳐주는 게 좋을지에 관한 결정은 상황에 따라 달라질 수 있다. 예컨대, 내가 아이와 정확성^{accuracy} 연습을 하는 상황이고, 중심 학습 내용이 bag, camera, card처럼 단수 명사에 -s를 붙여 복수형을 만드는 것이라면, 아이가 단·복수를 구분하는 것과 관련된 오류를 저지를 때만 고쳐준다.

하지만 유창성^{fluency} 연습을 할 때는 사정이 다르다. 유창성 연습은 중심 학습 내용이 의미를 전달하는 것이다. 따라서 정확성을 높이기 위한 오류를 수정해주기보다는, 의미를 이해하기 어렵게 하는 오류를 중심으로 고쳐주는 게 좋다. 아래 원어민 선생님과 소호의 대화를 살펴보자.

소호	Chinese food is not so good taste.
원어민 선생님	Really? Why?
소호	Chinese food... it's oily.
원어민 선생님	Oily? Oh greasy.

소호	Greasy.
원어민 선생님	Usually we say greasy.

소호가 중국 음식은 그렇게 맛이 있는 것 같지 않다고 말하자, 원어민 선생님은 정말 그렇게 생각하냐며 이유를 묻는다. 소호는 그 이유로 중국 음식은 기름기가 많다는 의미로 oily라고 말한다. 원어민 선생님은 소호가 의도한 정확한 표현은 oily가 아니라 greasy라고 수정해준다. 그러자 소호도 greasy라고 고쳐 말한다. 원어민 선생님은 원어민들은 보통 음식에 기름기가 많을 때 oily보다는 greasy라는 표현을 쓴다고 말해준다.

어디서 많이 보던 대화 아닌가? 학원에서, 또는 주변에 아는 원어민과 대화를 해봤던 사람이라면 한 번쯤 경험해 봤던 일일 것이다. 그런데 무엇이 잘못되었을까?

원어민 선생님과 소호의 대화에서 볼 수 있듯이 원어민 선생님은 소호가 하려는 말을 중단시키고 소호가 잘못 사용하는 표현을 바로 수정해줬다. 그게 뭐가 잘못된 것일까? 선생님과 소호의 대화를 좀 더 자세히 살펴보면 사실 oily와 greasy의 차이는 그리 중요하지 않다. 첫 번째 문장인 Chinese food is not so good taste.를 Chinese food doesn't taste great.로 수정해주는 것이 교육적으로 더 유용할 수 있다.

소호가 oily라고 하든 greasy라고 하든, 원어민 선생님에게 무슨 얘기를 하려는지 의미상으로 충분히 이해가 되는 상황이고, 수업 내용이 정확성 연습이 아닐 때는 매번 틀린 부분을 지적할 필요가 없다. 원어민 선생님이 소호의 오류를 바로 지적함으로써 원어민 선생님은 오히려 소호가 더 말할 기회를 방해했다고도 볼 수 있다.

적절하지 못한 지적이 아이의 영어에 대한 자신감을 잃게 할 수 있는 전형적인 사례다. 왜냐하면, 소호는 앞으로 자기가 쓰는 단어가 맞는 건지 자기도 모르게 눈치를 보며 주저할 수 있기 때문이다. 영어를 배우기 시작하는 단계에서는 절대 실수를 두려워해서는 안 된다. 백 번은 넘게 강조해도 부족하지 않다. 영어는 실수와 오류를 저질러야 는다.

참고로 간혹 원어민이 No, we say... ^{아니요, 우리(원어민)은 보통...}하면서 영어를 고쳐줄 때가 있다. 대부분 문법적으로는 틀린 게 없지만, 원어민들이 관습적으로 사용하는 방식으로 적절하게 사용하지 않을 때다.*

---

* 이런 표현은 **콜로케이트**^{collocate} 관계를 갖는 표현이다. 즉, 원어민은 strong tea라고 하지 powerful tea라고 하지 않는다. 문법만 놓고 보면, 형용사+명사의 구문이므로 틀리지 않았다. 하지만, 맛이나 향이 강할 때 원어민은 관습적으로 strong tea라고 하지 powerful tea 라고 하지 않는다. 예컨대, 우리말에서 **머리를 감다, 손을 씻다**라고 하지 **머리를 씻다, 손을 감다**라고 하지 않는 것과 비슷한 관습적인 표현이다. 외국인이 우리말을 배울 때 왜 머리는 감고, 손은 씻는지를 물어보

한편, 원어민 한 명이 한마디 했다고 무조건 맹신할 필요가 없을 때도 있다. 같은 맥락에서 내가 한국인이라고 내가 하는 한국어가 바르다고 주장하기 어려운 것처럼, 한 명의 원어민이 자신의 경험만을 토대로 일반화시켜서 말하는 것을 전적으로 신뢰할 필요는 없다.

면 대답하기 어렵다. 왜냐하면, 오래전부터 그렇게 써왔기 때문이다. 그래서 외국인도 **머리는 감는** 것이고, 손은 씻는 것이라고 외울 수밖에 없다. 영어도 마찬가지다.

4 영어 오류는 누가 고쳐주는 게 좋을까?

아이가 영어를 사용하다 틀리면 보통 학원이나 학교 선생님이 고쳐준다. 오류는 반드시 선생님만 고쳐줄 수 있는 걸까? 결론부터 얘기하면, 꼭 그럴 필요는 없다. 부모가 고쳐줄 수도 있고 아이 스스로 오류를 수정해 보도록 하는 자기 수정 방법도 있고, 동료 수정 방법도 있다. 동료 수정은 특히 다른 아이와 서로 오류를 고쳐 보도록 하는 방법으로 어떻게 사용하느냐에 따라 자기 수정보다 더 효과가 좋을 수 있다.

원래 이 책을 쓸 때 아이가 한 명만 있는 집에서 아이가 유치원이나 학원에 다니는 상황을 염두에 두고 부모가 아이의 영어를 보조해주는 정도를 고려했다. 나도 아이가 둘이지만, 큰아이와 작은아이가 나이 차가 있고 작은아이가 너무 어려서 이 책에서 논하는 동료 수정 방법을 적용하기 어렵다. 하지만 아이가 5세 이상이라면 친구와 함께 하는 영어수업도 아이에게 적당한 긴장감을 줄 수 있다. 따라서 아이가 한 명이라면 아이의 친구와 함께 수업을 해보는 것도 좋다.*

동료 수정 방법을 효과적으로 사용하려면 사전 준비가 필요하

---

* 　이러한 접근방법은 내 아이의 성격이나 성향에 따라 효과적이지 않을 수 있다. 만일 내 아이가 다소 내성적인 성격이라면 여러 명이 같이하는 것보다 조용히 내 아이만 데리고 수업을 하는 것이 더 적합할 수 있다.

고, 중간에 아이들의 대화를 모니터링도 해야 한다. 간혹 오류가 없는데도 오류가 있다고 우기는 아이가 있고, 오류가 있는데 오류가 없다고 우기는 아이도 있기 때문이다. 또한 아이들이 같은 5세라고 하더라도, 인지능력발달 상태는 조금씩 다를 수 있다. 그래서 중요한 게 내 아이와 합이 맞는 친구와 같이 수업을 하는 것이다. 그래야 제대로 된 시너지효과가 나타난다.

자기 수정이든 동료 수정이든 오류를 수정하기 전에 아이가 어떤 오류를 찾아야 하는지 미리 알려주고 게임하듯이 학습하면 좋을 때가 있다. 예컨대, 단수 명사의 복수형을 만들 때 -s를 붙여야 하고, -s로 끝나는 단어 뒤에는 -es를 붙여야 한다는 것을 아이가 알고 있지만 계속 틀리는 경우가 있다. 이런 오류를 찾아 수정하는 방법을 우선 연습시킨 다음, 복잡한 오류를 수정하는 방법을 연습하게 하는 방법으로 확장하는 것도 좋다.

부모가 아이의 오류를 직접 고쳐주기보다는 아이가 무엇이 오류였는지를 계속 고민하게 하는 방법이 똑같은 실수를 되풀이하지 않도록 하는 효과적인 방법이다. 예를들어 아이가 bus의 복수형을 써야하는 상황에서 그냥 buss를 썼다면, 정확한 표현을 직접 알려주기보다는 사전을 사용하여 정확한 표현을 찾아보도록 한다. 또한, bus의 복수형이 bus**es**라고 알려주기보다는 어떻게 바꿔야 하는지 힌트를 조금 주는 정도로 얘기해주는 것도 좋은 방법이다.

5 영어 오류는 어떻게 고쳐주는 게 좋을까?

영어로 말할 때 틀린 것을 고쳐주는 것처럼, 쓸 때도 정확성과 유창성 중 어디에 방점을 두는지에 따라 오류 수정 접근방법이 다르다. 아래와 같은 쓰기 활동을 할 때 어떤 부분을 고쳐줄지 고민해보자.

[쓰기 과제 1]

다음 괄호 안에 있는 동사를 적절한 형태로 바꾸시오.

This is Soho. Every day she _____ (get up) at 6:30am. She _____ (have) breakfast at 7:00. She _____ (like) to have toast for breakfast. Then she _____ (brush) her teeth.

[쓰기 과제 2]

가장 좋아하는 음식과 집에서 몇 시에 저녁 식사를 하는지 쓰시오.

위의 두 활동은 어떤 차이가 있을까? 첫 번째 활동은 통제된 상황에서 쓰는 것이다. 언어 형태를 연습할 때 하는 활동으로 정확성을 연습할 때 한다. 두 번째 활동은 자유로운 쓰기이며, 정해진 답이 없이 아이가 가장 좋아하는 음식은 무엇이고, 집에서 몇 시에 저녁을 먹는지에 대해 쓰는 것이다. 두 번째 활동은 다양한 대답이 나올 수 있으며, 이를 통해 아이가 부족한 것이 무엇인지 파악할 때 유용하다.

활동에 따라 평가도 다르게 접근해야 한다. 예를 들어 첫 번째 활동은 언어 형태를 학습하는 것임으로 틀린 곳이 분명히 표시되어야 한다. 이때 아이가 스스로 틀린 곳을 고칠 능력이 되면 직접 틀린 곳을 알려주기보다는 잘못된 곳에 밑줄을 그어 뭔가 잘못된 것이 있다는 시그널을 준다. 아이에게 단수나 복수형태가 잘못 사용되었다는 힌트를 주기 위해 **복수형**이라고 옆에 써주는 방법도 있다. 만일 아이 스스로 틀린 곳을 고칠 수 없을 상황이라면 정확한 답을 써준다.

영작문을 도와준 적이 없는 부모라면 두 번째 활동에 대한 피드백을 주는 것이 다소 어려울 수 있다. 하지만 아이가 잘못 표현한 곳에 아래와 같은 코드를 직접 표시하거나 종이 여백에 틀린 것에 대한 코드를 적음으로서 아이에게 뭔가 잘못되었다는 신호를 줄 수 있다. 〈표 1〉은 뭔가 잘못되었다는 신호를 줄 때 사용하는 오류 코드 목록이다. 이와 같은 코드를 아이와 함께 미리 연습한 다음 사용한다. 코드 자체를 익히는 게 어렵다면, 우리말로 단어 순서, 시제 등을 바로 사용해도 좋다.

〈표 1〉실수와 오류 코드 목록

연번	오류	코드
1	단어 순서(word order)	w/o
2	시제(tense)	T
3	철자(spelling)	Sp
4	주어-동사 불일치(agreement of subject and verb)	Agr
5	복수형(plural forms)	pl
6	관사(articles)	art
7	단어 누락(something missing)	^
8	잘못 사용한 단어(wrong word)	Ww
9	구두법(punctuation)	P

6 스마트한 영작문 오류 수정 실전 팁

계속 강조하지만, 영어를 배운지 얼마 안 된 아이에게 틀린 것을 지적할 때 매우 신중해야 하다. 누군가의 지적으로 상처를 받아 영어를 멀리하게 될 수도 있기 때문이다. 그렇다면 아이에게 상처를 주지 않고 오류를 고쳐주는 방법은 없을까? 다음은 아이가 실수나 오류를 저질렀을 때 직접 개입하지 않고 에둘러서 틀렸다는 신호를 줄 수 있는 몇 가지 방법이다.

1. 영어로 말할 때 만일 잘못된 부분이 있으면 어떤 신호나 동작을 하겠다고 아이와 미리 정한다. 이를테면, 손을 컵 모양으로 해서 귀에 갖다 대거나, 다시 얘기해보라는 의미로 손으로 동그라미를 그린다. 이런 약속을 한 다음, 실제 틀렸을 때 이런 신호나 동작을 한다.
2. 아이가 말한 걸 그대로 반복해서 말하되 오류를 저지른 부분에서 멈춘다. 영작문도 마찬가지다.
3. 아이가 말한 것을 그대로 반복해서 말하되, 오류를 저지른 부분에서 질문하듯이 해당 부분을 조금 톤을 높여 말하며 강조한다. 영작문도 마찬가지다.
4. 아이가 말한 것을 그대로 반복해서 말하되, 오류를 저지른 부분에서 목소리를 조금 크게 말하며 강조한다. 영작문도 마찬가지다.
5. 아이가 빠트린 단어를 표시할 때는, 해당 부분에서 손가락으로 표시한다.
6. 아이가 오류를 저지른 부분에서 소리는 내지 말고 입으로만 정확한 표현을 말한다(무음 처리).
7. 아이가 오류를 저지른 부분을 칠판에 쓴 다음, 아이에게 한 번 고쳐 보게 한다(절대 주눅 들게 하지 말 것!)
8. 아이의 오류를 직접 고쳐주기보다는 발음, 시제, 관사 등과 같은 말로 힌트를 준다.

아이는 영어를 한 다음, 부모가 보여주는 몸짓, 눈빛, 고개의
각도, 어깨의 높이, 내쉬고 들이쉬는 숨 소리, 동작, 말하는 투,
억양, 표정 등에 매우 민감하다. 백번 강조해도 부족하지 않다.
아이가 오류를 저질렀을 때 보여주는 반응을 최대한 조심해야
한다. 아이의 오류를 긍정적으로 생각하고 아이가 오류를 저질
렀을 때 오히려 이를 언어 학습 기회로 생각할 수 있도록 아이를
북돋아야 한다.

7 원어민 영작문 첨삭을 교재로 활용하기

초등학교 5학년 아이를 둔 어떤 아빠와 우연히 아이의 영어 공부에 관한 얘기를 나눈 적이 있다. 그 집도 여느 다른 집처럼 아이를 동네에 있는 영어학원에 보낸다. 아이가 한 명이다보니 나름 조금 비싸더라도 일주일에 1회 원어민 선생님이 아이가 제출한 영작문을 첨삭해주는 곳에 보낸다고 한다. 역시 원어민 선생님이 영작문을 고쳐주니 조금 더 신뢰가 가고 좋은 것 같다며 만족감을 표시했다.

어떤 식으로 영작문을 첨삭해서 보내주냐고 물었다. 원어민 선생님이 아이가 틀린 곳에 빨간 펜으로 쭉 긋고 그 위에 옳게 고쳐서 보내준다고 한다. 그리고 가정통신문처럼 한 달에 1회 아이의 영작 상태에 관한 총평 같은 것도 보내준다고 한다.

한 걸음 더 들어갈 생각이 없냐고 물었다. 그 아빠는 고개를 갸우뚱했다. 영작문 수정은 그 정도만 해도 되지 않냐는 표정이었다. 학원에 연락해서 그동안 첨삭한 영작문을 모두 보내라고 해라. 영작문을 받고 나면, 아이가 쓴 영작문에 〈표 1〉에 알려준 코드를 사용하여 아이가 한 번 더 생각하게 해라. 예를 들어, 만일 아이가 I eat Bulgogi yesterday.라고 썼다면, eat에 줄 긋고 ate로 수정해주는 게 아니라 eat 위에 시제 코드인 T를 표시하는 방법이다.

이렇게 한 번 더 생각하게 하는 것과 그렇지 않을 때의 교육적 효과는 다르다. 보통 영작을 하고 난 후, 원어민 선생님에게 제출하면 끝이라고 생각한다. 그다음부터는 원어민 선생님이 틀린 곳에 표시해 줄 것이고, 그걸 고쳐서 다시 쓰면 그만이라고 생각한다. 아이는 영작문을 써서 제출하기 전까지 고민하지, 제출한 뒤에는 신경을 쓰지 않는다. 이건 아이뿐 아니라 어른도 비슷하다. 그래서 한 번 더 생각하게 하는 과정을 통해 무엇이 잘못되었는지 꼼꼼하게 검토해야만 장기적으로 오류를 줄이고 영어 실력을 키우는 데 도움이 된다. 이때 아이와 함께 일기장처럼 오류 노트를 만들어 오류를 하나씩 줄여갈 것을 권한다.

우리나라에는 초등 영어교육 전문가가 많다. 서울교육대학교 영어교육과 홍선호 교수는 그중에서도 손꼽히는 전문가이다. 홍교수에게 우리 아이(당시 30개월)가 영어를 어떻게 시작해서 발전시키는 것이 좋을지 물었다. 참고로 홍교수는 영국 명문 에식스대학에서 언어학 박사 학위를 받았고, 이후 서울교육대학교 영어교육과 교수로 재직 중이다. 현재 서울교육대학교 창의·인성언어교육센터 센터장이기도 하다. 홍교수는 30개월 정도면 한국말을 시작하는 시기이다. 무엇보다도 부모가 이 점을 잊지 말아야 한다고 강조했다.

언어습득 관점에서 봤을 때, 아이들의 학습에 있어서 가장 중요한 요소는 흥미, 재미 등 정의적 요소도 중요하지만, 이 연령대의 아이에게는 자연스러움이 가장 중요하다. 아무리 몸에 좋은 음식이라도 아이가 먹고 싶지 않을 때는 먹고 싶지 않은 거다. 아이가 자연스럽게 음식을 먹을 수 있는 환경을 조성해야 한다. 영어도 마찬가지다.

이 시기에 음악은 훌륭한 음성언어자료이다. 아이들은 짧고 반복적이고, 리듬이 단조로우며 빠르고 박자감 있는 챈트나 노래를 좋아한다. 율동이 곁들어지면 더 좋다. 4번째 크리스마스를 맞이하던 큰 아이의 당시 18번은 트윙클 트윙클 리틀 스타~ 하우 아이 원더

왓 유 얼~이다. 나는 부천시 중동에서 서울시 정동에 있는 한국교육과정평가원까지 매일 새벽 버스를 타고 나녔는데, 버스에서 졸면서 잠결에 나도 모르게 **트윙클 트윙클 리트 스타**… 흥얼거리는 나를 보며 흠칫 놀라던 기억이 있다.

홍교수는 성인이 되기 전에 어린이들은 아직 두뇌의 측면화가 완전히 이루어지기 전이라, 언어(모국어 외국어 모두)를 양쪽 뇌를 다 같이 사용하여 배운다. 오른쪽 뇌로 시각, 청각, 촉각 등의 감각적인 언어를 익히고, 왼쪽 뇌로 언어의 소리가 의미하는 것을 개념적으로 인식한다. 따라서 음악에 율동을 곁들여서 박자 리듬감으로 언어를 익히는 것은 유·소아기에 자연스럽고 정서적으로도 적절한 방법이라고 조언했다. 그때 큰 아이가 노래를 부르면 나는 옆에서 춤을 추었다.

한편, 홍교수는 듣기, 말하기, 읽기, 쓰기의 언어 4기능에 관한 균형 있는 입력과 출력이 중요하다고 강조했다. 아이가 들은 내용을 말하고, 읽은 내용을 써야 언어의 4기능이 균형 있게 발달할 수 있으므로, 특정 기능만 강조하기보다는 어느 시점이 되면 언어의 4기능이 균형 있게 발달할 수 있도록 자연스러운 분위기를 형성해보라고 조언했다. 역시 전문가 조언은 뭔가 다르다.

(?) 알려주세요, 선생님!

1. 헷갈리는 영어: 2x3은 영어로 어떻게 읽지?

2x3=6을 이 곱하기 삼은 육이라고 읽는다. 영어로는 어떻게 읽지? 영어 원어민을 만났을 때, 또는 영어를 사용하는 외국인을 만났을 때, 다 큰 어른이 2x3이나 3÷5를 제대로 못 읽으면 상대방이 이상하게 생각한다. 멀쩡한 어른이, 그것도 지금까지 영어를 잘하다가 갑자기 2x3이나 3÷5을 영어로 말하지 못하니 당연히 고개를 갸우뚱거릴 수밖에 없다.

이런 황당한 시츄에이션은 우리나라 영어교육의 결과를 그대로 보여준다. 우리가 3÷5을 영어로 어떻게 읽는지 배울 시간에 astronaut우주비행사와 같은 어려운 토플 단어를 외우고 있었기 때문이다. 영어를 하다가 숫자와 단위 같은 기초적인 영어에서 버벅거리게되면 정말 이상하게 보일 수 있다. 이번 기회에 확실하게 정리하고 두 번 다시 헷갈리지 말자.

1) 2.2 kg: Two point two kilograms

2.2 kg에서 단위는 kg 그대로지만, 읽을 때는 **투 포인트 투 킬로 그램스**라고 한다. **킬로그램스**에 주의한다.

위 문장에서 쓸 때는 20 kg으로 쓴다. 하지만 말할 때는 **투웬**

티 킬로그램스라고 말한다.

2) 0.72: nought/oh/zero point seven two

영(0)을 영어로 할 때 사람마다 조금씩 달리 쓰는 경향이 있다. 나는 주로 nought^{노우트} 라고 하는데, 이게 단독으로 사용될때와 다른 숫자와 함께 사용될 때 발음이 조금 다르다. 0.72를 읽을 때는 노우트를 거의 노라고 발음해서 노 포인트 세븐티 투라고 한다. 가끔 전화로 얘기할 때는 상대방이 헷갈리지 않도록 zero^{지로}라고 하기도 한다.

> Meanwhile, the figure for the upper class dropped slightly to 1.9 percent in 2011, down 0.4 percent from 2009.
>
> 출처: 2014학년도 전국연합학력평가 영어 영역

위 문장에서 0.4를 읽을 때, 나는 노 포인트 포, 또는 지로 포인트 포라고 읽는다.

3) 1.5 miles: one and a half miles

나는 원 앤드 어 하프 마일스라고 말한다. 2.5 miles는 two and a half miles^{투 앤드 어 하프 마일스}라고 읽으며, a half^{어 하프}가 복잡하면 그냥 two point five miles^{투 포인트 파이브 마일스}라고 해도 큰 무리가 없다.

> The first Everesters were obliged to trek 400 miles from Darjeeling across the Tibetan plateau to reach the foot of the mountain.
>
> 출처: 2011학년도 대학수학능력시험 영어 영역

위 문장을 보면 앞에 언급한 2.2kg나 1.9 percent와 달리 mile**s**에서 뒤에 복수형 -s가 붙어 있는 것에 유의한다.[*]

4) $2\frac{3}{4}$ gallons: two and three-quarter gallons

나는 **투 앤드 뜨리 쿼터 갤런스**라고 말한다. 우리말로 하면 2와 $\frac{3}{4}$이 되는 것이고, 영어로 하면 **투 앤드 쓰리 쿼터 갤런스**가 되는 것이다.

> By processing 1 ton of corn, producers can make 100 gallons of ethanol, whereas 1 ton of sugarcane yields no more than 20 gallons. (중략) Distillers in Brazil, the world's largest producer of ethanol, get 8 gallons of sugarcane ethanol burning just 1 gallon of fossil fuel.
>
> 출처: 2012학년도 전국연합학력평가 영어 영역

이 시점에서 돌발 퀴즈 하나. 2012학년도 전국연합학력평가

---

[*]   1 mile이면 복수형 -s가 안 붙는다.

영어 시험 문제 지문을 보면, 1gallon^{원 갤론}에는 복수형 -s가 안 붙고, 20gallons^{트웬티 갤론스}에서는 복수형 -s가 붙었다. 그렇다면 위에 나온 1ton^{원 톤}에서 복수형 -s가 안 붙었으니, 1.5 뒤에는 복수형 -s를 붙여야 할지를 고민해 보자.

5) $\frac{1}{3}$: one third

지금까지 한 것을 쭉 다시 보면 알겠지만, 일반적으로 앞에는 one^원(숫자), 뒤에는 third^{써드}(서수)를 쓰면 자연스레 분수가 된다. $\frac{1}{4}$ 은 one fourth^{원 포드}이고 $\frac{3}{4}$ 은 three fourth**s**^{쓰리 포뜨스}이다. 분자가 복수이므로 $\frac{3}{4}$ 에서 fourth^{포뜨} 뒤에 -s가 붙고, 발음도 그렇게 하는 것에 주의한다.[*]

> Soccer players who take penalty kicks shoot one third of the time at the middle of the goal, one third of the time at the left, and one third of the time at the right.
>
> 출처: 2014학년도 전국학력연합평가 영어 영역

---

[*] 참고로 $\frac{3}{4}$ 을 영국에서는 three quarters^{쓰리 쿼터스}, 미국에서는 three fourths^{쓰리 포뜨스}라고 읽는다.

Around three quarters of this population have been victims of shark attacks.

출처: 2010학년도 전국학력연합평가 영어 영역

6) $\frac{256}{625}$: two hundred and fifty six over six hundred and twenty five

숫자들이 조금 길 때는 over를 써서, two hundred and fifty six over six hundred and twenty five^{투 헌드레드 앤드 피프티 식스 오버 식스 헌드레드 앤드 투앤티 파이브}라고 말한다. 주의할 것은 100단위와 10단위 사이를 and로 이어주는 것이다. 요즘에는 and도 잘 안 붙이는 경향이 있으니 참고하자. 이제 아래 문장을 한 번 읽어보자.

7) He is going to pay $\frac{1}{2}$ of the bill.

8) $\frac{1}{4}$ of the students arrived late for school.

9) $\frac{3}{4}$ of the questions on our test were difficult.

처음으로 돌아가서, 2x3=6은 two times three equals six^{투 타임스 쓰리 이퀄스 식스}로 읽던지 two multiplied by three equals six^{투 멀티플라이드 바이 쓰리 이퀄스 식스}라고 읽는다. 전자가 읽기는 쉬우나, 후자가 조금 더 '고급져' 보인다. 비슷한 맥락에서 6÷3=2는 six divided by three equals two^{식스 디바이디드 바이 쓰리 이퀄스 투}라고 읽고, 3x3x4 m(가로

x세로x높이 같은 입체)는 three by three by four meters^{쓰리 바이 쓰}
리 바이 포 미터스라고 읽는다.

단위가 명사와 함께 올 때는 하이픈으로 숫자와 단위를 묶는
데, 이때 단위에는 s가 붙지 않는다(kilometer<u>s</u>가 아님). 예컨대,
A 5,000-kilometer journey, A ten-pound sack of rice에서 확
인할 수 있듯이, 5,000-kilometer(O)이지, 5,000-kilometer<u>s</u>(X)
가 아니고, ten-pound(O)이지 ten-pound<u>s</u>(X)가 아니다. 만일
명사가 먼저 나오면 하이픈을 붙일 필요가 없고 s를 붙인다(예,
A journey of 5,000 kilometer<u>s</u>).

참고로, 우리말의 덧셈, 뺄셈, 곱셈, 나눗셈은 addition^{에디}
^션, subtraction^{서브트랙션}, multiplication^{곱하기}, division^{디비젼}이고,
3,495,782는 three million four hundred ninety-five thousand
seven hundred eighty-two^{쓰리 밀리온 포 헌드레드 나인티 파이브 싸우전드 세븐 헌드레드}
에이티 투라고 읽는다.

2. 영국 문화: 영국이라는 나라

영국의 공식명칭은 그레이트브리튼과 북아일랜드 연합왕국
(The United Kingdom of Great Britain and Northern Ireland)이다.
공식 이름이 길다 보니 보통 유케이^{UK}라고 부른다. 간혹 영국을
잉글랜드라고 부르는 사람이 있는데 이는 잘못된 호칭이다. 왜

냐하면, 영국의 공식명칭에서 볼 수 있듯이 영국은 그레이트브리튼이라는 섬(잉글랜드, 웨일스, 스코틀랜드)과 아일랜드섬 일부(북아일랜드)가 합쳐진 연합왕국이기 때문이다.

우리가 흔히 영국이라고 생각하는 그레이트브리튼 섬은 유럽에서 제일 큰 섬인 동시에 세계에서 여덟 번째로 큰 섬이다. 그레이트브리튼 섬은 우리나라보다 북극에 더 가깝지만 해양성 기후 때문에 우리나라보다 겨울에 덜 춥고, 여름에는 덜 덥다. 1997년 3월 내가 영국에 처음 갔을 때는 여름에도 해가 지고 나면 긴 소매 옷을 입고 다닐 정도로 추웠지만, 2000년대 중반부터는 지구 온난화의 영향으로 꽤 더워졌다.

미국 CIA 월드팩트북에 따르면, 영국의 총인구는 2018년 7월 기준 약 6천5백만 명으로 세계에서 23번째로 많다(참고로 우리나란 약 5천1백만 명, 세계 27위). 이민자로 이뤄진 미국과 달리 영국은 여전히 백인이 전체 인구의 절대다수(87.2%)를 차지한다. 다른 인종으로는 과거 산업인력으로 유입된 인도, 파키스탄, 아프리카 등지에서 온 사람들이 인구의 일정 부분을 차지하고, 유럽연합 가맹국의 증가로 인해 동유럽에서 유입되는 사람들이 늘어나는 추세다.

영국은 약 409년간 로마의 지배를 받았다. 이러한 영향으로 영국 전역에는 과거 로마 시대의 흔적이 많이 남아있다. 로마군이 영국에서 철수하자, 지방 영주들이 서로 대권을 꿈꾸며 격렬

한 싸움을 벌였다. 이런 시대적인 배경을 재미있고 빨리 이해를 하고 싶으면 영화 킹 아더(감독 안톤 후쿠아, 주연 클라이브 오웬), 브레이브 하트(감독 멜 깁슨, 주연 멜 깁슨) 감상을 권장한다.

954년 잉글랜드가 영국 통일을 이루는 듯싶었지만, 1066년 프랑스 노르망디에 기반을 둔 윌리엄 공이 헤이스팅스 전투에서 잉글랜드군과 치열한 전투 끝에 승리를 거둔 뒤 마침내 윌리엄 1세로 등극하게 된다. 그 후 영국은 프랑스의 직간접적인 영향 아래 프랑스어가 지배 계급언어로 사용되는 시기를 맞는다.

현재까지도 영국 귀족들은 라틴어와 불어를 고급언어로 생각하는 경향이 있는데, 로마 시대 종교의 영향과 프랑스의 지배를 받은 탓이다. 이튼스쿨로 대변되는 영국의 명문 사립학교에서는 요즘은 사용하지도 않는 라틴어를 여전히 가르친다. 영국의 상류층이라면 불어는 기본이라는 인식도 여전히 팽배하다. 1998년 영국 수상 토니 블레어는 프랑스 의회에 거의 원어민 수준의 불어로 연설하여 상류층의 불어 교육 현실을 유감없이 보여줬다.

한동안 절대 권력을 행사하던 왕을 둘러싼 끊임없는 권력다툼이 이뤄졌지만, 1215년을 기점으로 왕의 독단적인 행동을 견제하는 지방 호족이 득세한다. 왕과 이들 호족을 중심으로 한 의회의 분쟁이 벌어지다가 1642년 의회에 의해 찰스 1세가 형장의 이슬로 사라진다. 이후 1832년 의회제도 개혁법에 따라 일반 국민에게도 참정권이 부여되었고, 1969년에 마침내 18세 이상의 모든 국민에게 보통 선거권을 보장하게 되었다.

영국의 종교와 관련해서, 헨리 8세의 혼인무효문제와 맞물려 **영국성공회**^{Church of England}라 불리는 영국 교회의 성립이 이뤄진다. 이 시대를 배경으로 한 영화 **천일의 스캔들**(감독 저스틴 채드윅, 주연 나탈리 포트만)과 미국 드라마 **튜더스**(연출 찰스 맥두걸, 주연 조나단 리스 마이어스)를 보면 당시 상황을 쉽게 이해할 수 있다. 소설적인 내용이 없지 않지만, 당시의 시대적 배경을 이해하는 데 도움이 된다. 종교개혁 이후 영국에는 로마 가톨릭 교회와 성공회, 개신교, 감리교 등이 공존하게 되었고, 다수(59%)는 기독교인이다.

영국의 주거문화 형태는 과거 우리나라의 연립주택과 비슷하다. 연립주택 형식은 1차 세계 대전 이전에 건축된 것들이 많은데, 보통 열 집 이상이 길을 사이에 두고 쭉 연결되어있는 형식이다. 영화 **빌리 엘리어트**(감독 스티븐 달드리, 주연 제이미 벨)을 보면 주인공인 빌리 엘리어트가 사는 집이 바로 그런 형태다. 많은 집이 붙어있는 형태에서 두 가구를 붙여 만든 연립주택들이 1944년까지 붐을 타고 많이 생겨나다가 우리나라 아파트 형태나 타운 하우스 형식의 주택들이 나타났다.

우리나라에서는 아파트에 사는 것을 좋아하는 경향이 있지만, 영국에서는 전통적으로 땅을 밟고 사는 것을 선호한다. 또한, 집

뒤에는 작더라도 정원이 있어야 해서 우리나라 아파트 같은 곳에 사는 것을 그리 선호하지 않는다. 한때 도심에 타워 블록이라고 불리는 우리나라 아파트 형태의 건물이 많이 지어졌는데 정원이 없다 보니 사람들이 살려고 하지 않았다. 덕분에 정부에서 저렴하게 매입하여 집이 없거나 생활이 어려운 사람들에게 무상으로 제공하기도 했다.

한때 해가 지지 않는 나라로 통했던 영국은 세계 곳곳에서 수집한 엄청난 문화유산이 있다. 영국 전역에 공식 등록된 박물관과 미술관만 해도 1,800여 곳에 이르는 등 나라 전체가 문화 예술관인 셈이다. 풍부한 문화유산을 기반으로 영국에서는 연중 다양한 행사와 전시회가 열린다. 어릴 때부터 자연스럽게 이런 문화 예술적 영향을 받고 자란 탓인지 영국인들은 창조적인 건축과 디자인, 패션 및 영화 등에서 단연 두각을 나타낸다.

영국왕실은 1999년 한국을 방문한 바 있는 엘리자베스 2세가 여전히 왕위를 지키고 있지만, 왕실은 상징적인 존재일 뿐 국가 행정에 직접 간여하지 않는다. 한편 우리와 영국의 상호무역 관계는 한국-유럽연합의 자유무역협정으로 인해 더욱 늘어나고 있습니다. 영국 관세청이 2012년에 발표한 자료를 보면, 우리나라는 영국의 16대 수출대상국이고, 26대 수입대상국이다. 우리나라는 주로 약품, 의료기, 유기화학 제품 등을 수입하고, 휴대전화, 선박, 자동차를 주로 수출하는 것으로 나타났다.

3. 영국식 교육: 영국 고등교육의 본질

영어로 a conflict of interest^{컨플릭트 오브 인터레스트}라는 말이 있다. 이해의 상충, 이해의 충돌로 해석하지만, 나는 이해관계에 있는 A와 B가 한 가지를 두고 서로 원하는 바가 다를 때 발생하는 마찰(이해의 마찰)로 해석한다. 이해의 마찰은 살면서 우리가 늘 겪는 것이다.

인간 세계에서 A와 B는 사람이나 단체일 수 있고, 동물의 세계에서는 먹이를 한가운데 두고 싸우는 짐승이 될 수도 있다. 물론 이와 같은 이해의 마찰에 A와 B만 존재하는 것이 아니라, 또 다른 C와 D가 있을 수 있다. 하지만, 우선 A와 B에만 집중해보자.

인간 세계에서 A와 B는 사람이나 단체일 수 있고, 동물의 세계에서는 먹이를 한가운데 두고 싸우는 짐승이 될 수도 있다. 물론 이와 같은 이해의 마찰에 A와 B만 존재하는 것이 아니라, 또 다른 C와 D가 있을 수 있다. 하지만, 우선 A와 B에만 집중해보자.

2009년 12월 영국 옥스퍼드대에서 열린 한 국제학술대회에 참석했다. 학술대회에서는 신구세대 학자들이 모여 오늘날 영국 고등교육 현장에서 발생하고 있는 문제점에 대한 자유 토론이 있었다. 흥미롭게도 나는 그곳에서 신구세대의 갈등이나 우리나라에서 보던 구세대의 꼰대 소리와 듣기 지겹다는 신세대의 딴청, 또는 신구세대 이해의 마찰, 또는 새로운 사고와 낡은 사고의 대립을 볼 줄 알았다.

내가 그곳에서 본 것은, 그들이 합의할 수 있는 접점을 찾아가는 과정이었다. 신구 학자들은 분명 서로 바라보는 곳이 달랐다. 신세대는 미래 지향적 사고를 갖고 적극적으로 변화를 주도해가야 한다고 주장하는 반면, 구세대는 굳이 그럴 필요가 있냐는 것이다.

그들이 각자 처한 환경에서 천천히 무리하지 않고 득실을 따져가는 과정을 지켜봤다. 마치 바둑의 고수들이 강약을 조절해가며 바둑을 두는 것 같았다. 그들은 판이 깨져 아무것도 건지지 못하는 건 서로 원치 않았다. 세대를 떠나 참가자 모두 영국 고등교육 현장에 있는 구성원들이라는 생각이 공유되고 있었기 때문이다.

그래서 그들은 처음부터 최대한보다는 각자의 처지에서 받아들일 수 있는 선까지의 자세를 취했다. 100% 만족할 수 있는 윈-윈은 아니겠지만, 극단적으로 치닫는 이해의 마찰은 지양하였다. 또한, 신구세대 학자들은 합의하였을 때, 각자의 이해에 대한 정당화 또는, 합리화로 마무리를 지었다. 그들은 나에게 **협의** negotiation가 무엇인지를 보여줬고, 그런 모습을 지켜보던 나는 뭐 이런 합리적인 사람들이 있나 싶었다.

살다 보면 내가 원하든 원하지 않든 마찰은 언제 어디서고 발생한다. 거창하게 사회생활을 따질 것도 없다. 가정에서도 부모와 자식 간에, 혹은 형제 자매지간에 마찰은 늘 일어난다. 사실 우리는 마찰과 함께 산다고 해도 과언이 아니다.

돌이켜보면 내가 받았던 영국식 교육의 본질은, 옳은 것 vs. 그른 것의 대치보다는 시스템 안에서 논리적으로 접점을 도출해 나가는 과정과 방식이었다. 그리고 교육수준이 정점에 다다를수록 이러한 논리적 접근은 그 정도를 더 했다.

나는 영국에서 학사, 석사, 박사 과정을 하며 사지선다형이나 오지선다형 같은 객관식 문제를 본 기억이 거의 없다. 어떤 시험을 치르던 항상 하얀 백지에서 시작했다. 내가 주장하는 것이 뭔지, 왜 그렇게 생각하고, 그것에 대한 근거는 무엇인지. 다른 사람들의 객관적 시각에서도 논리적인가, 아닌가. 논리적이면 그것으로 충분했다. 내가 받은 교육은 어떤 문제에 대한 정답보다는 그것을 생각해내고, 또 다른 곳에서 적용할 수 있는 사고응용능력이 아닌가 싶다. 나는 영국에서 고등교육을 받으며 그걸 배웠던 것 같다.

↑사진 설명: 위 사진은 2009년 8월 16일 찍은 사진으로, 영국 옥스퍼드대 세이드(SAID) 경영대학원 전경이다. 통상 경영대학원은 세계적인 명성을 이미 가진 대학이라면 새우기만 해도 엄청난 재원을 끌어올 수 있다고 알려졌지만, 영국에 있는 명문대학들은 미국에 있는 대학보다 경영대학원 설립이 한참 늦었다. 세이드 경영대학원만 설립된 지 22년에 불과하지만, 세계 최정상의 위치에 있다. 세이드 경영대학원이 설립되기까지 어떤 이해의 마찰이 있었을지 짐작이 된다.

2

내 아이는 다른 아이와 다르다

1 들어가며

수세기에 걸쳐 많은 학자는 인간이 어떻게 학습하는지를 연구하였고, 성격, 나이, 학습 동기, 학습 스타일, 학습할 때의 기분 등에 따라 많은 차이가 있다는 것을 밝혀냈다. 내 아이는 다른 아이와 다르다는 주장을 부정하는 부모는 없을 것이다. 그런데 구체적으로 무엇이, 어떻게 다른지에 대해 자세히 설명할 수 있는 부모는 많지 않다. 왜냐하면, 아이가 태어난 이후부터 지금까지 가까이에서 아이를 봐왔기 때문에 객관적인 시각이 부족하기 때문이다. 내 아이가 다른 아이와 어떻게 다른지, 특히 영어를 배우는 것과 연계하여 아이의 성격, 나이, 영어를 배우는 방식, 영어를 배울 때의 기분 등이 어떤 영향을 줄 수 있는지 한 번 함께 고민해보자.

② 스마트한 내 아이만의 영어학습법

영국에서 유학하다가 방학 때 잠시 한국으로 돌아오면 동사무소에서 귀신같이 알고 예비군 훈련에 나오라고 했다. 유학을 마치고 귀국하자, 예비군에서 민방위로 소속이 바뀌어있었다. 어느 날 민방위 훈련을 한다며 동네 초등학교로 아침 일찍 나오라는 연락을 받았다. 덕분에 수십 년 전에 다녔던 초등학교에 다시 갔다. 새 건물이 몇 개 더 생겼을 뿐, 옛날이나 지금이나 크게 변한 것이 없어 보였다.

40년 전이나 지금이 수업방식이 달라진 게 있냐 싶다. 어떻게 40년이 지나도 학생들이 모두 한곳에 모여, 똑같은 교육과정에 따라, 똑같은 교과서로, 똑같은 시간에 배운 다음, 똑같이 배운 것을, 똑같이 알아들었을 것으로 생각하고, 똑같이 같은 장소와 시간에 시험을 보는지. 앞으로 40년이 지나면 40년 전부터 해왔고, 지금도 하는 이런 교수학습 방법과 평가방식이 바뀔까?

원래 교육이란 것은 집에서 이루어졌다. 집에서 부모로부터 도구를 만드는 법, 옷을 만드는 법, 사냥하는 법, 음식을 만드는 법을 배웠다. 농경사회를 거치며 본격적으로 일의 분업이 일어났고, 다양한 기술이 필요해졌다. 하지만 학교라는 곳이 아닌 특정 직업이 있는 곳에서 기술을 배웠다. 대장장이 기술을 배우기 위해 대장간으로 가고, 신발 만드는 기술을 배우기 위해 신발가

게로 갔다. 서양에서는 산업혁명을 거치며 우리보다 직업의 분업화가 더 빠르게 이루어졌고, 이후 현재와 같은 집체교육을 하는 학교가 만들어져서 집단교육을 하게 된 지 수백 년이 흘러 지금도 이어지고 있다.

이러한 집체식 교육은 한 번에 많은 기술인력을 교육하고 양성할 수 있지만, 이러한 과정에서 개개인의 학습능력 차이는 매정하게 무시된다. 다른 아이와 다르다는 이유로 문제가 있는 아이로 지목당하기도 한다. 인간은 모두 다르다. 이 세상에 같은 아이는 없다. 아이의 성격, 나이, 학습 동기, 선호하는 학습 방식, 뭔가를 배울 때의 감정 등 다양한 요인에 따라서 아이가 학습하는 속도, 범위, 깊이 등이 다르다. 하지만 수백 년 전 산업혁명 때나 어울리는 교육방식으로 인해 아이의 특성에 맞는 학습은 여전히 이루어지지 않고 있다. 사회가 이렇다고 탓만 할 수 없다. 내 아이는 내가 잘 키워야 한다.[*]

아이가 영어 단어를 배우는 과정을 예로 들어 아이가 어떤 방식으로 학습하는 게 더 효과적인지 살펴보자. 아래 영어 단어는 우리나라 사람에게 익숙지 않은 영어 단어를 일부러 골라 본 것이다. 만일 이번 주말까지 저 단어들을 학습하고 월요일에 시험

---

[*] 4차 산업혁명 시대에 맞는 영어교육 방법은 '정채관, 안계명, 홍선호, 이완기, 심창용, 이재희, 김해동, 김명희, 김선웅 (2018). *4차 산업혁명과 미래 영어교육*. 서울: 한국문화사'를 참고한다.

을 본다고 하자. 어떻게 저 단어들을 학습하는 게 좋을까? 쉽게 얘기해서 어떻게 저 단어들을 내 머릿속에 넣고 시험 보기 전까지 기억할 수 있을까? 어떤 방법이 가장 좋을까?

- squab(새끼 비둘기, 명사)
- Romansh(스위스에서 사용되는 언어, 명사)
- like a bat out of hell(매우 빨리, 숙어)
- dreich(음침하고 추운, 형용사, 스코틀랜드 사투리)
- risible(놀리기 쉬운, 형용사)
- munching(사랑스러운, 주로 아기에게 사용, 형용사, 영국 버밍엄 지역 사투리)

뭔가 새로운 걸 학습하는 방법은 사람마다 다르다. 나도 옛날에는 새로운 영어 단어를 외울 땐 왼쪽에는 영어를 쓰고, 오른쪽에는 한국어를 써서 외웠다. 단시간에 외워야 하는 게 많을 때 쓰는 방식이다. 이후에는 이런 방법보다는 플래시 카드 앱을 사용해서 단어를 외웠다. 옆에 그림도 그리고, 기억을 오래 할 수 있는 기호나 색깔 같은 장치를 추가하기도 하였다. 이런 방식은 단순히 단어를 외울 때만 사용하지 않고, 면접에 앞서 예상 질문에 대해 답변을 할 때도 사용한다. 나중에는 플래시 카드를 무작위로 섞어서 전체 카드를 외운다. 모든 사람이 이런 방식으로 단어를 외우지 않을 것이다.

나는 만화 캐릭터 같은 걸 그리기 좋아해요. 'squab'나 'like a bat out of hell'은 그림으로 그리기 좋을 것 같아요. 'squab'는 새끼 비둘기 몇 마리를 그리고 단어도 그림 안에 넣고, 몇 번씩 써보고요.

학습자는 본인의 학습 방법에 따라 여러 유형으로 나눌 수 있다. 몸을 움직이며 학습하면 더 오래 기억하는 운동 감각적 학습자가 있다. 이런 유형은 경험이나 사물을 직접 만지며 학습할 때 효과가 더 좋다. 소호는 그림 그리기를 좋아하고, 단어를 여러 번 써 보는 걸 좋아하므로 시각적 학습자라고 할 수 있다. 새로운 단어를 배울 때 소리 내어 말하고 들으며 학습하는 것을 선호하는 청각적 학습자도 있다. 내 아이가 어떤 유형의 학습자인지 빨리 파악하는 것이 중요하다. 왜냐하면, 만일 내 아이가 청각적 학습을 할 때 학습 효과가 좋다면 굳이 아이에게 운동 감각적 학습이나 시각적 학습 방법을 고집할 이유가 없기 때문이다. 누차 얘기했지만, 집체식 교육이 이루어지는 학교 현장에서 선생님에게 내 아이의 학습 성향에 따라 적합한 교육방식으로 아이를 가르쳐달라고 요청하는 것은 현실적으로 어렵다. 특혜나 부정 청탁으로 비춰질 수 있기 때문이다. 집에서라도 부모가 내 아이의 학습 성향에 맞는 방식으로 교육을 보조해줘야 한다.

아이는 학습하는 방식에 따라 분석적인 학습자와 통합적인 학습자로 나눌 수 있다. 분석적인 학습자는 영어를 배울 때 어떤 규칙을 찾아내고 그런 규칙을 배우는 데 탁월한 감각이 있다. 분석적인 학습자는 정확성 연습을 할 때 주로 빈칸을 채워 문장을 완성하거나, 문장을 다시 쓰는 유형의 문제를 잘 대처하는 경향이 있다. 하지만 분석적인 학습자는 개괄ㄹ적인 의사소통이나 의미를 파악하는 데는 다소 어려워하는 경향이 있다. 이럴 때는 인내심을 가지고 아이가 스스로 의미를 파악할 때까지 기다릴 필요가 있다.

통합적인 학습자는 의미를 알아채는 데 감이 좋다. 정확성이 다소 떨어질 수도 있지만, 어떤 상황에서 특정 의미가 대략 어떻게 사용되는지 이해가 빠르다. 통합적인 학습자는 롤 플레이나 서로 다른 정보를 가지고 있는 두 사람이 서로의 정보를 공유하며 하나의 과업을 완수하는 정보 갭 활동(예, 길 찾기, 미로 찾기 등)에 능하다. 참고로 [그림 1]은 미로 찾기 활동에 사용할 수 있는 활동지이다. 왼쪽에 미로 표시가 되어있는 용지를 가지고 있는 아이가 오른쪽에 아무 표시가 되어있지 않은 용지를 가진 아이에게 어디로 가라고 영어로 설명을 해주면 아이가 색연필로 용지에 그려가며 탈출구를 찾는 활동이다.

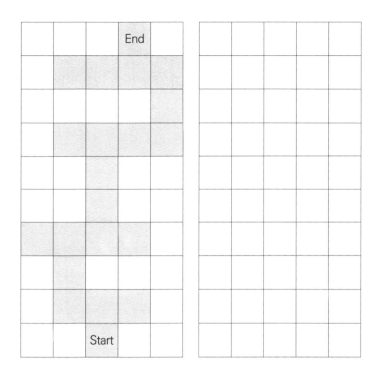

[그림 1] 미로 찾기 활동

    반복되는 얘기지만, 아이마다 학습 성향이 다르다. 따라서 내 아이는 어떤 학습 성향이 있는 최대한 빨리 파악하는 게 좋다. 그리고 그 결과에 따라 아이와 어떤 활동을 할 것인지 결정한다. 아이와의 활동에 사용하는 도구도 마찬가지다. 남들이 좋다고 하는, 또는 비싼 활동 도구가 좋은 게 아니라 내 아이에게 적합한 활동 도구가 가장 좋은 도구다. 예컨대, 아이가 통합적인 학습자

성향을 띄고 있다면, 아이와 함께 정보 갭 활동을 하며 아이에게 실수를 저지르는 것에 신경 쓰지 말고 의미 전달에 집중하도록 한다. 반면, 아이가 분석적인 학습자 성향을 띈다면 아이와 함께 그림을 글로 써보는 활동을 하며 마침표 찍기, 문장을 처음 시작할 때는 대문자로 시작하기, 과거형 동사 사용하기 등에 대해 생각하며 쓰는 것 등을 해볼 수 있다.

🖪 영어는 왜 배우지?

어른도 마찬가지지만 아이도 영어를 배우는 직접적인 원인이
나 계기가 다르다. 우선 어른들이 영어를 배우는 이유를 이해하
고, 내 아이가 영어를 배우는 이유(또는, 배우게 하는 이유)에 대
해 논의해 보자.* 영어교육에서는 영어 학습 동기를 다음과 같이
세가지로 분류한다.

3.1. 통합적 동기

통합적 동기는 영어를 앎으로써 영어권 나라의 대중문화, 영
화, 스포츠 등을 즐길 수 있어서 영어를 배운다. 쉽게 얘기해서
우리나라의 BTS가 좋아서 한국어를 배우는 외국인을 생각하면
이해가 빠르다. 이들 외국인이 처음에는 BTS가 좋아서 BTS의
노래를 배우기 위해 한국어를 배우고, 그러다 점차 다른 한국 가
수들도 알게 되고, 한국문화에 대해 알게 되며 점차 한국이라는
나라에 익숙해진다. 나도 중학교 때 메탈리카 같은 헤비메탈 그
룹을 좋아하다 보니 이들의 노래 가사를 한국어로 써서 외우고

---

* 우리나라 학생의 선행학습 이유에 관한 자세한 내용은 진경애, 정채관
  (2020)을 참고한다.

다녔던 적이 있다. 자꾸 부르다 보니 이들이 왜 이런 노래를 부르는지, 제목이 갖는 의미는 무엇인지 궁금하게 되었고, 영어라는 언어에 흥미를 갖게 되었다.

3.2. 내적 동기

기본적으로 영어학습 자체를 좋아하는 경우다. 영어를 배우는 게 재미가 있고, 하나씩 배워가는 그 자체에서 성취감을 느끼거나 영어 레벨 테스트를 통과하며 레벨이 올라가는 것에서 기쁨을 느낀다. 내가 학교에서 영어를 배울 때다. 나에게 영어란 수업 시간에 배워야 할 과목이었을 뿐, 왜 배워야 하는지 모르는 과목 중 하나였다. 하지만 1997년 3월 영국으로 건너가서 영어학원에 다니며 나의 내적 동기가 발현되었다. 아침 9시부터 12시까지 하루 3시간씩 영어를 배웠는데, 나중에 4주가 지난 후에는 오후 1시부터 4시까지 다른 영어학원에 가서 영어를 배웠다. 나중에 런던으로 이사한 다음에는 런던에 있는 각종 영어학원을 돌아다니며 레벨 테스트를 받고 그 학원에서 영어를 제일 잘하는 학생과 누가 영어를 더 잘하는지 배틀을 하기도 했는데 이때 내적 동기를 실제 경험하였다. 당시 했던 영어 배틀은 어떤 주제에 대해 누가 더 논리적으로, 더 자연스럽게, 더 유머를 섞어가며 말하는지를 서로 가늠해보는 것이었다. 명확한 룰은 없지만,

원어민이 아닌 외국인끼리 만나 말을 하다 보면 누가 영어를 더 잘하는지가 자연스럽게 판가름난다.

3.3. 도구적 동기

특정 목적이나 이유로 인해서 영어를 배우는 경우다. 예컨대, 해외여행을 하거나 앞으로 영국이나 미국 등 영어권 나라에서 일하고 싶거나, 영어권 나라로 유학을 가고 싶어서 영어를 배우는 경우다. 아이가 너무 어리면 어떤 영어학습 동기를 가졌는지 잘 모를 때가 많다. 아직은 어리기 때문에 아주 낮은 영어학습 동기를 가진 경우가 많다. 보통 어른 학습자는 도구적 동기나 통합적 동기를 가지는 경향이 있다. 영어교육 전문가들은 학교 교육이 이뤄지는 교육 현장의 교사는 주로 아이의 내적 동기에 집중할 필요가 있다고 주장하기도 한다.

4 아이가 받는 스트레스와 불안감

아이와 영어학습을 시작할 때 아이가 어떤 기분인지, 또는 어떤 상태인지가 아이의 학습에 큰 영향을 끼친다. 당연한 얘기로 들리겠지만, 의외로 많은 선생님이 크게 고려하지 못하는 부분이기도 하다. 어떤 아이는 원래 영어를 잘하지만 다른 사람이 앞에 있으면 영어로 묻는 말에 대답하기를 꺼리는 경우가 있다. 괜히 창피해서이기도 하고, 혹시 자기가 하는 말이 틀릴 수도 있다는 걱정 때문이다. 자기가 틀릴 수 있다는 건 또 다른 걱정을 낳는다. 이런 걱정을 학교에서 수업할 때, 특히 다른 학생들 앞에서 영어로 대답할 때 두드러지게 나타난다.

> 나는 질문이 반복되면 긴장해요. 왠지는 나도 모르겠고요.
> 선생님이 무섭게 하지도 않았는데 선생님이 질문하면 그냥
> 말을 못하겠어요. 틀린 말을 할까 봐 두려웠고, 다른 아이
> 들이 비웃을까 봐 걱정되고, 어쨌든 학교에서 선생님이 질
> 문만 하면 무서워요.

이 아이는 다른 아이들 앞에서 창피해지는 것을 두려워하고, 선생님을 실망하게 하지 않을까 걱정한다. 이 정도 걱정하는 아이라면 생각보다 스트레스를 줄이기가 쉽지 않겠지만, 그래도

꾸준한 격려와 칭찬으로 아이가 불안해하지 않도록 도와줘야 한다. 학습 동기처럼 아이가 뭔가 배울 준비가 되어있는지는 변할 수 있다. 만일 아이가 영어를 정말 잘하고 싶다는 생각을 하면 아이 스스로 학습 동기를 만들기도 한다. 가끔은 아이를 자극하기 위해 게임이나 테스트를 통해 가상의 목표를 세워 접근하는 방법도 나쁘지 않다. 아이가 너무 불안해해도 문제지만 적당한 긴장은 아이가 집중하는 데 도움이 된다. 거듭 강조하지만, 부모가 할 일은 아이가 지나치게 걱정하지 않도록 옆에서 도와주며 학습 동기를 유지시켜 주는 것이다. 만일 아이가 몇 시간 뒤 친구와 아이가 좋아하는 축구를 할 예정이거나, 친구와 BTS 공연을 보러 가기로 했다면 영어학습 하며 과거 시제 따위를 배우는 것에 집중할 수 없을 것이다. 아이가 중요한 피아노 경연대회를 앞둔 상태라면 당연히 현재 진행형이 어떤지는 큰 걱정거리가 아니다. 아이의 학습동기와 아이가 처한 상황 등을 복합적으로 고려하는 것이 중요하다.

5 연령대에 맞는 스마트한 영어학습법

영어교육 학계에서 「결정적 시기」라고 불리는 영어학습 시기에 관한 주장이 있다. 학자들은 12살 정도가 넘으면 아이의 뇌가 굳고 결정적인 시기를 벗어나므로 12살 이후부터는 아무리 열심히 영어를 해도 원어민처럼 영어를 하기 어렵다는 주장이다. 그래서 아이의 영어 연수를 고민하는 부모들이 12살을 전후로 아이를 영어권 나라로 보내기도 한다. 하지만 이러한 결정적인 시기가 있는 것인지, 그것이 정말 12살인지, 과학적으로 검증된 결과는 찾기 어렵다. 그런데도 이런 결정적인 시기론이 주목받는 이유는 아무래도 어릴 때 영어를 배워야 실수하더라도 조금 덜 창피하고, 다 커서 보게 될 영어시험 부담도 덜 수 있지 않겠냐는 생각 때문이다.

5.1. 3 ~ 6세

보통 3~6세 아이에게 영어를 가르치는 이유는 아이가 영어에 관심을 두도록 하고 영어로 소리를 내는 것에 자신감을 느끼도록 하기 위해서이다. 이 나이 때 아이들에게 문법을 가르칠 필요는 없다. 우선 영어라는 다른 언어에 노출함으로써 다른 언어도 있다는 점을 인지하게 하는 게 중요하다(사실 3세 정도의 아이들

중에는 영어가 다른 언어인지, 다른 소리인지 구분을 못하는 아이도 많다)

[과제]

다음의 언어 학습 활동을 살펴보고, 어떤 활동이 3 ~6 세 아이에게 적당한지 골라보자.

1) 동요 배우기
2) 빈 칸에 정확한 단어 채우기
3) 그림 보면서 이야기 듣기
4) 그림 색칠하기
5) 한국어와 영어 매칭하기
6) 간단한 롤 플레이하기

일부 학자들은 6세까지는 정규 교육을 받으면 좋지 않다고 주장하기도 한다. 그 이유는 때가 되면 정식 교육기관에서 정규 교육과정에 따라 교육을 받게 될 것이고, 그 전까지는 경험을 바탕으로 한 자연스러운 경험학습이 이루어져야 한다는 것이다. 전 언하였듯이 아이가 어릴 때는 어떤 것이 놀이이고 어떤 것이 학습인지 구분을 잘하지 못한다. 그런데도 마치 의무적인 학습을 하다 보면 언젠가 알 거라며 6살도 안 된 아이에게 빈칸 채우기나 단어 연결하기를 놀이라고 생각하고 아이에게 강제 학습시키는 부모도 있다. 물론 부모는 그러한 학습이 놀이라고 생각하고 시키는 것이겠지만, 그 나이의 아이들은 한국어로 그런 활동을

하는 것도 힘들어한다. 놀이를 빙자한 학습이 아니라 놀이를 놀이로 받아들일 수 있는 활동을 하는 것이 중요하다.

1) 영어 동요 부르기

아이를 키우다 보면 깜짝 놀랄 때가 있다. 어느 순간 아이가 내가 한 말을 똑같이 따라 하고, 어떤 때는 예전에 내가 아이를 혼내면서 했던 말을 그대로 나에게 한다. 아이를 보면 그 집의 부모가 보인다는 말을 허투루 들었다간 큰코다친다. 아이 앞에서는 정말 말조심해야 한다. 다행인 것은 백지장 같은 아이의 머릿속에 영어도 들은 대로 똑같이 기억에 자리 잡고 아이 입 밖으로 나온다. 소호도 4살 때는 어린이집 영어수업에서 배운 영어 노래나 영어 표현을 그대로 따라 했다. 어릴 때부터 태블릿으로 옥스퍼드리딩트리, 페파피그 등 영국 애니메이션을 자주 접해서 나보다 발음이 더 좋다. 어릴 때는 무슨 말인지 잘 모르고 따라 불렀던 노래를 이제는 노래 속의 단어 몇 개는 무슨 뜻인지 안다. 그림책을 보다가 **포도**^{grapes}가 나오면 **그레이프스**라고 했다.

아이와 동요를 부르는 건 아이에게 강제로 동요를 외우도록 하기 위함이 아니다. 아이가 소리를 듣고 입으로 따라 부르며 놀이를 하기 위함이다. 동요는 특히 **청크**^{chunk}를 함께 배우는 데 큰 도움이 된다. 예를 들어, 아래 I Hear Thunder^{천둥소리를 듣는다}를 부르며, I'm wet through^{흠뻑 젖었다}와 so are you^{너도 그래}와 같은 관용어를 배우고, 여러 가지 율동과 함께 pitter-patter^{빗물이 후드득 쏟아지는 소리} 같은 소리를 내며 즐겁게 노래를 부르며 아이는 자연스럽게 자주 함께 사용하는 표현을 배우게 된다.

I Hear Thunder

I hear thunder, I hear thunder,
Hark don't you, hark don't you?
Pitter patter raindrops, pitter patter raindrops,
I'm wet through, so are you.
I hear thunder, I hear thunder,
Hark don't you, hark don't you?
Pitter patter raindrops, pitter patter raindrops,
I'm wet through, so are you.
I hear thunder, I hear thunder,
Hark don't you, hark don't you?
Pitter patter raindrops, pitter patter raindrops,
I'm wet through, so are you.

2) 동화 보며 듣기

아이들은 궁금한 게 많다. 우리 집 둘째 아이만 해도 말문이 트이는 순간부터 쫑알쫑알하기 시작하더니 어린이집에 다니며 '왜'를 자주 하기 시작했다. 아직은 글을 읽을 수 없으니 들으며 세상을 배운다. 그런 측면에서 동화는 아이들의 상상력을 자극하는 매우 좋은 도구다. 부모와 함께 읽는 영어 동화책은 부모와 아이가 함께 할 수 있는 놀이이다. 아이가 아직은 영어로 된 동화책을 읽을 수 없으므로 부모가 추가 설명을 해주는 과정이 꼭 필요하다. 참고로 이때 아이의 이해를 돕기 위해 그림, 인형, 장난감 같은 도구를 활용하면 더 좋다.* 아이에게 동화책을 읽어주는 건 영어뿐 아니라 우리말 동화책을 읽어주는 것도 아이의 인지능력을 발달시키는 데 도움이 된다. 이 과정에서 한 가지 기억할 것은 아이가 이야기를 모두 이해하지 못하더라도 절대 조바심을 가져서는 안 된다는 점이다. 아이가 어릴수록 모든 단어를 다 이해할 것이라는 생각을 해서는 안 된다. 아이로서는 대략적인 의미 파악만 해도 큰 성공이다. 중요한 것은 동화 보며 듣기의 반복이며, 이러한 반복 행위를 통해 아이가 궁금한 것이 더 생기도록 기운을 북돋아 주는 것이다.

---

* 태블릿을 활용한 영어학습에 관해 찬성과 반대의 의견이 갈린다. 너무 어릴 때부터 태블릿을 보여주면 아이에게 좋지 않다는 얘기가 많다. 내 생각은 다르다. 우리 집에서는 어릴 때부터 아이가 태블릿에 익숙하다. 하지만 아이들이 보는 콘텐츠는 부모가 엄격하게 관리한다. 우리나라에 살면서도 아이들이 거의 원어민 발음을 하며, 스스로 영어 독서에 익숙하게 키운 친구가 있다. 그 친구가 집에서 정한 규칙은 집에서 태블릿을 봐도 좋지만, 대신 영어로 된 콘텐츠만 볼 수 있도록 정했다. 우리 집에서도 아이들이 태블릿을 어렸을 때부터 봤지만, 영어 콘텐츠만 보도록 하였고, 시간은 1시간을 넘지 않도록 하였다. 그 결과 최소한 발음은 나보다 좋고, 나는 잘 사용하지 않은 원어민이 사용하는 어휘를 자연스럽게 사용한다.

3) 색칠하기

아이에게 영어를 통해 미술 활동 같은 간단한 작업을 하자고 하면서 새로운 어휘나 문법을 배우게 할 수 있다. 예를 들어, 아이에게 어릿광대 그림을 주면서 Color his nose red^{어릿광대 코를 빨갛게 그려봐}라고 하거나, 특정 신체 부위에 특정 색을 칠하도록 하는 활동을 할 수도 있다. 이런식으로 아이에게 요청과 지시를 통해 행동을 통한 학습이 이루어지도록 하는 학습 방법을 전신 반응 교수법^{Total Physical Response}이라고 한다.

아이가 어린이집에서 가져온 색칠하기 책을 활용하는 것도 좋다. 아무래도 어린이집에서는 이런 활동을 하기에는 시간적 제약이 있어서 끝까지 할 수 없는데, 집에서 간식을 먹으며 즐겁게 색칠하기를 하는 것도 좋다. 하지만 아이가 아직 미세한 손 근육이 발달하지 못한 터라 정해진 코나 귀를 벗어나 색칠하는 경우가 많은데, 이럴 때 절대 아이를 나무라지 말고 그대로 두고 오히려 색칠을 잘했다고 칭찬해줘야 한다.

4) 역할 놀이하기

예전에 프랑스를 여행하고 돌아온 코플랜드 교수는 당시 4살이던 아들 로버트에게 다음과 같은 짧은 대화를 했다.

코플랜드 교수: Bonjour^{안녕}
로버트: Bonjour^{안녕}
코플랜드 교수: Ou est le bebe?^{아기는 어디에 있어요?}
로버트: Ici!!^{여기!!}

로버트는 엄마와 함께 머물던 호텔에서 틈만 나면 어딘가에 숨어 있다가 여기!!하며 뛰쳐 나오곤 했다. 코플랜드 교수는 아이가 어디 숨었는지 모른척 하며 아기는 어디에 있어요?를 했고, 로버트는 그때마다 처음의 상황을 생각하며 재밌어 죽겠다는 표정으로 여기!!를 외쳤다. 흥미로운 점은 로버트가 3개월이 지났는데도 그 상황을 기억하고 있다는 점이다. 재밌었기 때문이다. 이를 학습에 활용하면 더 많은 어휘와 표현을 배울 수 있다.

소호는 어린이집에서 영어 수업하던 것을 집에서도 한다. 엄마가 집에 있으면 I'm your teacher라고 하며 앞에 앉으라고 한다. 그러면 엄마가 앞에 앉고, 동생인 무호도 앞에 앉는다. 아직은 영어가 서툴러서 몇 개를 빼고는 정확하게 발음하는 단어가 적지만, 그래도 원어민 영어 선생님이 하는 발음을 따라 제법 선생님 흉내를 낸다. 동생 무호는 무슨 소린지 전혀 알아듣지 못하지만 알아듣는 척을 하며, 소호가 OK?라고 하면 고개를 끄떡이면 OK라고 한다.

3~6세 아이들에게는 놀이를 통한 활동이 더 효과적일 수 있는지를 설명했다. 통상 정규 교육에서는 교육과정에 따른 교수

학습이 이루어지고 평가가 이어진다. 그런데 아직 인지적으로 이런 준비가 안 된 아이에게 **만약 이 문제풀이를 다 하면 나중에 영어를 잘 하게 될거야**라는 식의 접근이 통할리 없다. 아이에게는 놀이가 내재적 동기를 자극하고 활성화 시키는 데 도움이 되며, 이를 활용한 학습이 자연스럽게 이루어져야 아이가 영어를 하나의 놀이로 생각하게 되어 즐거운 학습이 된다.

5.2. 7 ~ 11세

정규 교육과정에 있는 7~11세 어린이는 선생님의 지시에 반응하고 규칙을 적용하여 문제에 대한 해답을 제시할 수 있다. 이전보다 훨씬 독립적으로 과제를 수행할 수 있고, 더 오랫동안 집중할 수 있는 나이다. 하지만 7~11세 어린이도 어리기는 마찬가지라서 주로 자기가 재미있어하는 일만 하려 한다. 그 전보다 재미없는 활동도 어느 정도 자신만의 방식으로 즐기거나 하기 싫지만, 꾹 참고하는 시기이기도 하다.

이 연령대에서는 듣기와 말하기를 바탕으로 읽기와 쓰기 역량을 강화해야 한다. 이 시기의 어린이들에게는 빈 칸 채우거나, 연관 단어 일치시키기와 같은 형태론적 학습 활동이 적합하다. 이 시기의 어린이들은 인지적 능력과 함께 어릴 때부터 갖고 있던 따라 하기 능력이 꾸준히 발달하고 있으므로 이때 영어 발음 연습을 집중적으로 하면 효과적인 결과를 얻을 수도 있다.

7~11세 어린이들은 인지능력이 강화되면서 다른 어린이와 경쟁을 통한 경기를 좋아하는 경향을 보이기도 한다. 특히 이 시기의 어린이는 정규 교육과정과 학교라는 울타리에서 점차 공동체 생활과 사회성을 길러가는 시기이며, 팀을 짜서 함께 활동하며 서로를 응원하는 학습활동을 활용하는 것도 효과적일 수 있다. 이러한 시기적 특수성을 감안하여, 아이들이 A typical British town^{전형적인 영국 마을}이라는 주제로 프로젝트 활동을 하거나, 물건 포장지나 박스에 사용된 영어 단어 수집하기, 스펠링 게임이나 단어 맞추기 게임 같은 활동을 함께 하도록 하는 것도 좋은 방법이다.

5.3. 12 ~ 16세

과거로 돌아가 내가 12~16세 였을 때를 생각해보자. 그때 내가 좋아했던 일과 학교에서 하기 싫었던 일을 생각해보자. 그리고 아래 목록을 살펴보자. 내가 즐겁게 한 것에 O를 치고, 재밌게 하지 않은 것은 X를 해보자.

- [ ] 연극 연습하기
- [ ] 중간/기말고사 준비
- [ ] 영어로 작문하기
- [ ] 다른 학생들 앞에서 영어로 발표하기
- [ ] 팝송 듣기
- [ ] TV드라마 보기
- [ ] 잡지 읽기
- [ ] 영화 보기
- [ ] 숙제하기
- [ ] 컴퓨터 게임하기

나도 내가 10대를 어떻게 지나왔는지를 생각하면, 다시 돌아가고 싶은 생각이 없다. 정작 나도 이런데, 내 아이는 어떨까? 10대 청소년을 가르치는 건 어렵다. 신체적으로나 심리적으로 이전에 겪어보지 못했던 너무 많은 일이 일어나고, 어떤 건 두렵기까지 하다. 따라서 이러한 상황을 인지한 상태에서 청소년에게 적절한 영어학습 방법을 찾아줄 필요가 있다. 이 시기의 청소년이 영어를 즐기고 영어를 단순히 시험을 잘 보기만 하면 되는 것으로 생각하지 않게 스스로 영어를 즐기는 방법을 찾을 수 있도록 도와줘야 한다. 특히 시험 중심의 영어학습을 강요하면 청소년들은 영어에 대한 흥미를 점점 잃게 된다.

이 시기의 청소년에게는 이러한 심리상태를 활용하여 이들이 관심 있는 게임이나 주제를 중심으로 영어학습에 사용할 수 있다. 좋아하는 해외 가수나 그룹이 있다면, 영어 노래를 통해 영어

관용어나 발음을 익히는 데 유용하게 사용할 수 있다. 또한, 축구나 야구를 좋아하는 남학생이라면 해외의 축구나 야구 전문 잡지나 사진을 학습 자료로 사용하여 동기 부여를 촉진시킬 수도 있다. 인터넷이나 멀티미디어를 활용하는 방법도 있다. 물론 이 시기에는 수업에 대한 이해를 충분히 했는지도 확인할 필요가 있으므로 차츰 평가에 대한 생각도 고려해야 한다.

[연령대에 맞는 영어 학습법: 전문가 팁]

1. 다양한 학습 방법을 고려하여 아이에게 적용해 보자. 내 아이에게 맞는 학습 스타일을 찾아 적절한 활동을 시도해보자. 내 아이가 어떤 방식으로 배우는지 최대한 빨리 파악하는 것이 중요하다.
2. 영어학습에 대한 태도는 시간대, 수업 전의 활동 및 기타 여러 요인에 따라 달라진다는 점을 늘 고려해야 한다.
3. 아무리 부모라고 하더라도 아이의 자존심을 상처 줄 수 있다. 만일 다른 아이와 함께 수업하는 경우는 특히 다른 아이들 앞에서 절대 그런 일이 없도록 한다.
4. 3~6세 아이는 10분 이상 학습을 지속하기 어렵다. 그 이상이 되면 아이가 집중하지 못할 뿐 아니라 재밌어하지도 않는 것을 명심한다.

6 스마트한 영어 학습 전략

내가 중학교에서 영어를 처음 배울 때 영어수업은 매우 간단했다. 수업이 시작되어 선생님이 반장에게 수업 시작 눈치를 주면, 반장이 벌떡 일어나 Attention~^{차렷}~이라고 크게 외친 후, Bow~^{인사}라고 하면 학생들이 모두 선생님께 인사를 했다. 그리고 나면 선생님이 교실 앞에서 무작위로 학생 번호를 부르거나, 학생들 사이를 지나가며 아무 학생의 어깨를 툭 치면 그 학생이 벌떡 일어나 제1과부터 그때까지 배운 곳까지 영어 교과서를 달달 외운다. 물론 중간에 중단되면 자연스럽게 책상 위에 무릎 꿇고 앉아 선생님의 사랑의 매를 기다린다. 특출난 영어학습 전략이나 방법이 필요 없었고, 무조건 교과서를 암기하면 다 되는 줄 알았다. 심지어 사전을 한 장씩 씹어먹어 가며 사전을 통째로 암기하는 학생도 있었다. 나도 그렇게 해서라도 내 머릿속에 영어 사전에 들어올 수 있는 줄 알고 실제 사전을 씹어먹은 적이 있었다. 잘 때 영어 라디오 방송을 들으면 자는 동안에 영어가 내 머릿속으로 들어와 나의 뇌 속에 모두 저장되기를 바라며 머리맡에 라디오를 두고 AFKN을 들으며 잠을 자곤 했다.

당시에는 영어학습 전략은 따로 없고, 영어 암기 전략이 중요하던 때다. 사정이 그렇다 보니 흔히 사용하는 방식은 A4 용지 한쪽에는 영어를 적고, 다른 한쪽에는 한국어를 적어 외우는 방식이나, 교과서 자체를 자나 깨나 외우는 암기식 영어학습이 거의 전부였다. 학교 가는 버스에서나 길을 갈 때도 지금 스마트폰 보듯이 영어 단어장을 손에 쥐고 외우며 다니던 시절이다.

영어교육 전문가로서 지금 생각해보면 암기식 방법이 영어학습의 한 축을 차지하고 있더라도, 암기를 위한 암기는 오히려 영어에 대한 흥미를 떨어뜨릴 수 있다는 생각이 든다. 또한, 단편적으로 영어 단어를 하나씩 외우는 것보다 기억에 더 오래 남도록 영어 원어민이 자주 함께 사용하는 청크를 중심으로 암기하면 좋았을 것이라는 생각이 든다.

집에서 엄마표 영어를 할 때, 엄마가 아이에게 어떤 방식으로 영어학습을 하라고 일방적으로 고집하는 건 곤란하다. 아이가 스스로 자기에게 적합한 영어학습 방법을 찾을 수 있도록 엄마는 도와야 한다. 궁극적으로는 아이 자신에게 맞는 영어학습 방법을 찾아 스스로 좋은 학습 습관이 들도록 엄마가 옆에서 도와줘야지, 엄마 주도적으로 아이에게 이렇게 저렇게 하라고 강요해서는 안 된다는 얘기다. 특히 아이가 거부감을 보일 때는 즉시 지금 하는 방법을 중단해야 한다.

[영어를 잘하는 사람의 특징]

1. 독립적이다.
2. 조직적이다.
3. 창의적이다.
4. 늘 영어를 사용할 기회를 찾는다
5. 정답을 모르는 것에 크게 신경 쓰지 않는다
6. 기억을 돕는 연상기호 등을 사용한다
7. 실수로부터 배운다
8. 맥락을 바탕으로 논리적인 추측을 한다.
9. 아무 단어가 아니라 자주 사용되는 단어를 학습한다.
10. 상황에 맞는 다양한 방식의 영어 말하기를 한다.

어떤 유명 영어교육전문가와 얘기를 나누다 원래 성격이 매우 내성적이었지만, 영어를 배우며 성경이 외향적으로 변하였다는 말을 듣고 그럴 수 있다는 생각이 든다. 영어를 잘하게 된다는 건 단순히 책상에 앉아서 영어교재를 암기만 해서 되는 것이 아니다. 밖으로 나가 영어 원어민이나 영어를 사용하는 외국인과 얘기를 하고, 실수하더라도 영어 사용하는 걸 두려워하지 않아야 한다. 영어를 잘하는 사람이 위 특징을 모두 가졌다고는 할 수 없지만, 영어 잘하는 사람들을 보면 위 특징을 가진 사람을 찾기 어렵지 않다.

7 내 아이에게 맞는 영어 학습 전략

언어에 능한 사람이 있다. 흔히 타고났다는 말을 하는데, 별다른 노력을 하지 않은 것 같은데도 말을 참 잘한다. 이런 사람은 보통 다른 언어도 잘하는 경우가 많다. 만일 내 아이가 언어에 재능이나 소질이 없으면 어떻게 해야 하나? 그냥 포기해야 할까? 학교에서는 내 아이만을 위한 영어학습 전략을 세워주고 실천에 옮겨줄 수 없다. 따라서 집에서 아이를 도와줄 방법을 찾아야 한다. 그렇다고 무조건 영어 단어 100개씩 외우도록 강요하기보다는 아이가 기억력을 나아질 수 있는 다양한 방법을 함께 시도하며 그 방법이 내 아이이게 적합한지 확인할 수 있다.

참고로 영어 단어를 한 개씩 외우는 방식보다는 말뭉치로 배우는 게 더 기억에 오래 남고 유용하다. Shoes^{신발}, chopsticks^{젓가락}를 따로 외우기보다는 a pair of shoes^{신발 한 켤레}, a pair of chopstics^{젓가락 한 벌}으로 외우는 더 유용하고 기억에도 오래남는다. 또한, 단편적으로 tea^차를 외우기보다는 tea와 관습적으로 자주 사용되는 strong tea^{진한 차}, weak tea^{연한 차}로 암기하는 편이 좋다. 참고로 진한 차의 의미로 powerful tea라고 사용하면 안 된다.* 마

---

* 문법적으로 '형용사+명사'의 조합이므로 문제가 없어 보이지만, 영어 원어민들은 '진한 차'의 의미로 영어를 사용할 때는 반드시 'strong tea' 라고 사용한다. 이런 조합을 연어관계(collocates)라고 하며, 이에 관한

지막으로 영어 단어를 암기할 때 문자에 치중하지 말고 그 영어 단어의 맥락을 이해하고 암기하면 기억이 오래간다. 서울과학고와 서울대 전기공학과를 졸업하고 미국 스탠퍼드대에서 박사학위를 받은 다음, 같은 대학에서 교수가 된 아이큐 157의 이진형 교수는 국내 한 일간지와의 인터뷰에서 암기 과목은 어떻게 공부했는지에 대한 질문에 외울 게 많은 한국사와 같은 과목도 "역사는 흐름과 맥락이 있지 않나. 그걸 이해하고 외우면 쉽다"고 대답하였다. 꼭 외어야 하는 영어 단어는 다른 영어 단어와 같이 맥락을 이해하고 외우는 게 좋다. 그리고 그 단어를 중심으로 다른 연관 단어, 또는 주변 단어들을 함께 암기해 나가는 것이 좋다. 사람마다 암기하는 방식이 다르고, 선호도도 달라서 특정 암기 방법을 강요할 수는 없지만, 아이와 함께 다양한 방법을 해보고 아이에게 가장 적합한 암기 방법을 빨리 찾는 게 중요하다.

자세한 내용은 코퍼스 언어학(참고문헌)을 참고한다.

8 영어전문가 조언(2)

제10대 한국초등영어교육학회 회장을 역임한 대구교육대학교 영어교육과 김영숙 교수에게 예전에 아빠 따라 지방으로 가는 우리 딸을 위한 영어교육에 관한 조언을 구했다.

김교수는 새로운 환경에 적응하려면 시간이 필요할 것 같다. 어려움도 있겠지만, 어린 시절 자연과 가까이 지내는 것이 긴 안목으로 보면 좋을 수도 있지 않겠냐며 긍정적으로 보라고 조언했다. 사실 이 부분은 나도 공감했다. 나는 영국에서 유학할 때 내내 시골에 살았다. 귀국 후 도심 속에서 아스팔트와 보도블록 따위를 걷는 내 모습이 한심했고 기가 다 빠져나가는 것 같았다. 인간은 원래 흙으로 된 땅을 밟고 살던 존재였다.

김교수는 흥미롭게도 앞서 조언을 해준 서울교육대학교 영어교육과 홍선호 교수와 마찬가지로 음악을 통한 영어습득 이야기를 했다. 강세 박자어인 영어의 운율적 특성을 어릴 때부터 익히는 것이 필요하지 않을까 생각해요. 음성언어 차원에서 한국어와 영어의 통사적인 차이 못지않게, 그보다 더 중요한 것이 소리 구조, 특히 초분절적인 구조이고, 그것을 습득하지 못하면 영어 듣기와 말하기가 어려워요.

김교수는 언어습득을 위해 초분절적인 특성을 익히는 데 도움을 주는 것이 챈트와 노래다. 챈트와 노래는 아이가 흥겹게 반복 연습하는 방법이기도 하지만, 한편으로는 이런 초분절적 특성을 자연스럽게 익히도록 도와주는 도구이다. 희한하게 전문가들은 한목소리로 챈트와 노래를 얘기했고, 나는 매일 아침 우리 딸이 그렇게 하는 것을 목격한다. 역시 전문가들은 보는 눈이 비슷하다.

　그동안 음악과 언어 습득과의 관계에 대해 긍정적인 효과가 있다는 주장은 많았지만, 그 이유는 정확히 밝혀진 적이 없었다. 하지만 2018년 6월 음악이 언어 습득과 밀접한 관련이 있다는 중요한 연구결과가 발표되었다. 미국 MIT와 중국 베이징사범대학의 연구진은 4~5세 74명의 중국인 아이들을 3그룹으로 나누고 1번 그룹은 일주일에 3회 45분 동안 피아노 교습을 받게 했고, 2번 그룹은 거기에 더해 45분 동안 추가적인 읽기 수업을 받게 했고, 3번 그룹은 아무 교습을 받지 않게 했다. 참고로 중국어는 성조(음의 높낮이) 차이로 단어를 구분한다. 따라서 중국어를 배울 때 성조의 차이를 이해하는 건 중국어 습득에서 매우 중요하다.

　연구결과 피아노 교습을 받은 1번 그룹과 읽기 수업을 받은 2번 그룹은 아무 교습을 받지 않은 3번 그룹에 비해 비슷하지만 성조의 차이로 다른 단어인 단어들을 구분하는 데 월등히 뛰어났다. 그 중에서도 1번 그룹은 2번 그룹보다 피아노 연습을 하며 음의 높낮이에 익숙져 있어서 서로 다른 성조의 단어를 들으면 더 명확하게 구분하였다. 음악을 통해 음의 높낮이 구분을 익힌 아이가 새로운 단어를 익히는데도 훨씬 쉽게 배웠고 기억도 오래하는 것으로 나타났다.

논문의 주저자인 미국 MIT 로버트 데시몬 박사는 피아노 교습을 받은 아이들이 다른 아이들에 비해 더욱 광범위한 인지능력을 보이지는 않았지만, 단어의 자음을 구분하는 능력은 다른 그룹의 아이들에 비해 훨씬 더 발달한 것으로 나타났다며, 음악이 분명 언어습득에 도움이 되며 추가적인 읽기 수업을 한다면 그 효과가 더 클 것이라고 주장하였다. 아이에게 마냥 영어책 읽기만 시키는 게 아니라 음악을 병행하면 좋다는 얘기다.

한편, 김교수는 영어 동화책 읽기도 제안했다. 리듬이 강조되는 동화책 읽기가 도움되요. 동화책 읽기가 언어 및 인지 발달에 도움을 주는 것은 모국어 교육에서도 확인됩니다. 내가 아는 사범대학 영어교육과 교수도 비슷한 얘기를 했다. 그 교수는 미국에서 유학할 때 아이들과 같이 생활을 했는데, 매일 밤 아빠나 엄마가 아이에게 동화책을 읽어주고, 일정 시간이 지나면 함께 소리를 내서 읽고, 이후에는 아이가 소리 내어 혼자 읽는 것을 옆에서 같이 들어주라고 했다.

요즘 나는 우리 딸이 혼자 동화책을 읽은 시늉을 하면 절대 딴청 피우지 않고 옆에서 깊은 관심을 보이며 개그맨을 능가하는 리액션을 한다.

? 알려주세요, 선생님!

1. 헷갈리는 영어: Peoples와 persons, 이건 뭐지?

People^{사람들}은 person^{사람}의 복수형이라고 배웠다. 당연히 뒤에 나오는 동사도 복수형이다.

Nowadays more and more people are taking up the hobby of fishing on a boat.

출처: 2013학년도 대학수학능력시험 문제지 영어 영역

복수형이 나왔으니 말인데, people을 단수로 취급할 때가 있다. 예를 들면 국가, 인종, 민족 등 한 무리를 이루고 있는 사람들을 의미할 때 people을 단수로 취급한다. 따라서 이런 상황에서는 people을 복수형으로 쓸 때는 당연히 peoples가 된다.

Maple syrup was first collected and used by the native peoples of North America.

출처: 2014년도 전국연합학력평가 문제지 영어 영역

아파트나 빌딩 엘리베이터를 타면 잘 보이는 곳에 'Max load 1600kg 20 persons'와 같은 문구가 쓰인 것을 볼 수 있다. Persons는 person의 복수형인 people과 의미상으로 같으며, 법조문과 같이 주로 공식적인 문서에서 사용되는 경향이 있다. 문맥상 peoples나 persons라고 써도 틀린 것이 아니라는 점을 기억하자.

2. 영국 문화: 자기 목숨 걸고 다른 사람 구하는 영국 왕자

노블리스 오블리제는 사회적으로 신분이 높은 사람 그에 상응하는 책임과 도덕적 의무를 진다는 의미다.

나는 1997년 9월 런던에서 영국인들의 가슴속에 영원히 묻힌 다이애나 왕세자빈의 운구행렬을 직접 봤다. 그녀의 장례식이 열리는 동안 크리스마스에도 문을 안 닫는다는 맥도날드를 비롯한 대부분의 패스트푸드점이 자발적으로 문을 닫았고, 직원들도 다이애나 왕세자빈의 죽음을 애도하였다.

다이애나 왕세자빈의 사생활은 늘 화제였지만, 그녀가 아프리카에서 실천한 지뢰제거운동과 자선 활동은 그녀를 단지 영국인들만의 왕세자빈이 아니라 세계인의 왕세자빈으로 만들었다. 한편 영국인들이 그녀의 죽음을 더욱 안타까워했던 이유 중 하나는 윌리엄과 해리, 두 어린 아들 때문이었다. 하지만 사람들의 우려에도 그들은 훌륭하게 성장한다.

영국의 왕위 계승 서열 2위인 윌리엄 왕자는 2006년 1월 샌

드허스트 왕립군사학교에 입대하여 7개월에 걸쳐 70시간의 실제 비행과 50시간의 시뮬레이션 훈련을 마쳐야만 통과할 수 있는 수색 및 구조 헬기 조종사 훈련과정을 성공적으로 마치고 조종사 자격을 획득하였다.

이후 윌리엄 왕자는 영국공군 22 비행 중대에 소속되어 군 복무를 하던 중, 리버풀 해안경비대의 긴급구조요청을 받고 영국 북서부에 있는 가스 시추 시설에서 심근 경색으로 쓰러진 응급 환자를 무사히 인근 병원으로 옮기는 인명구조작전을 성공적으로 수행하였다.[*]

헬기는 수직으로 놓인 축을 중심으로 날개를 회전시켜 공중으로 떠오른다. 공중에서 중심을 잡는것이 쉽지 않기 때문에 헬기 추락 사고의 경우 통상 90% 이상이 대형 참사로 이어진다. 수색 및 구조 헬기의 경우는 항상 악천후에도 비행할 수 있는 준비를 하고 있어야 한다. 영화 **가디언**(감독 앤드루 데이비스, 주연 애쉬튼 커쳐)을 보면 이런 수색 및 구조 헬기가 얼마나 위험에 노출되어있는지를 쉽게 알 수 있다.

헬기는 또한 움직임이 빠르지 않기 때문에 교전 지역에서 적에게 쉬운 먹잇감이다. 영화 **찰리 윌슨의 전쟁**(감독 마이크 니컬

---

[*] 해리 왕자는 육군항공대에서 공격용 헬기 조종사 훈련을 받고 아프가니스탄에 파병을 다녀오는 등 10년간 군 복무를 하였다.

스, 주연 톰 행크스)을 보면, 소련의 공격용 헬기들이 이슬람 근본주의자들이 쏘는 재래식 무기에 속절없이 격추되는 장면들이 나온다.

이처럼 군부대에서 헬기 조종을 한다는 것은 상당한 위험을 감수하고 있다는 것을 의미하며, 특히 윌리엄 왕자와 같이 악천후를 동반하는 수색 및 구조 헬기 조종사들은 남의 목숨을 구하기 위해 자기 목숨을 내놓았다는 얘기다.

과거 영국 BBC는 윌리엄 왕자를 인터뷰한 적이 있다. 당시 그는 왕족의 장식으로 살기보다는, 실제 뭔가를 하면서 자신이 국가를 위해 이바지할 수 있는 역할을 하겠다고 했다. 엘리자베스 2세 여왕이나 찰스 왕세자가 영국 국민을 위해 해온 일들이 있지만, 그는 자신만의 방식을 찾아 국가와 국민을 위해 역할을 하겠다는 것이다.

실제 윌리엄 왕자는 대학 재학 중 자원봉사를 통해 오후 8시부터 다음날 오전 7시까지 자살을 기도하거나 자살하고 싶다는 학생들을 상대로 전화 상담을 해주고, 10대 노숙자들과 산악구조대 활동을 하며 그들의 자신감을 키워주는 일 등은 '솔선수범하는 윌리엄 왕자의 방식'이었다. 그는, 비록 단 한 사람이라 할지라도 그 사람이 세상을 긍정적으로 볼 수 있도록 변화시키는 데 도움이 된다면, 나는 그것이 성공이라고 생각한다고 말한다.

3. 영국식 교육: 커닝할 수 없는 영국식 시험

2005학년도 대학수학능력시험 부정행위 사건을 기억하는 사람이 적지 않을 것이다. 수험생들이 휴대전화 문자메시지를 이용해서 대학수학능력시험에서 부정행위를 하다가 적발되어 세상을 떠들썩하게 한 적이 있었다.[*] 요즘도 여전히 대학수학능력시험이나 토익시험이 끝나고 나면 신문에는 휴대전화나 전자기기를 가지고 시험장에 입실했다가, 강제 퇴장을 당했거나 시험무효 판정을 받은 학생들의 이야기가 심심치 않게 들린다.

2005년 사건 이후 대학수학능력시험에서 각기 다른 시험지 출제를 추진하겠다는 말이 나왔다. 쉽게 얘기해서 보기섞이[**] 방법을 통해 커닝이나 외부에서 휴대전화로 부정행위 하는 것을 막겠다는 것이다. 하지만 대학수학능력시험을 객관식 시험이 아니라 서술형이나 논술형으로 시험을 내는 근본적인 시험 방식의 변화보다는 보기를 섞어서 부정행위를 방지하겠다는 발상이다 보니 계속 문제가 터질 때마다 땜질식 처방이 나올 뿐이다.

---

[*] https://ko.wikipedia.org/wiki/2005학년도_대학수학능력시험_부정행위_사건
[**] 보기섞이란 선택형 답안에서 보기의 순서를 무작위로 재배열하는 것이다. 통상적으로 시험문제 출제에서 선택형 답안은 보기의 순서를 짧은 것에서 긴 순서로 한다.

나는 영국에서 공부하던 중 한국에서는 전혀 경험하지 못했던 두 가지 방식의 커닝이 상당히 힘든 시험들을 실제 경험했다. 바로 문제은행식 논술 출제방식과 제비뽑기식 자리 배치방식이다. 영국 대학 시험은 전공을 불문하고 대부분이 논술이다. 객관식이나 단답형 주관식 시험에 익숙한 우리나라 사람들에게 한국어로 쓰는 것도 아니고 영어로 쓰는 건 쉬운 일이 아니다. 내가 산업혁명의 발생지인 영국 버밍험대를 다닐 때 공대였음에도 부전공인 일본어를 제외하곤 대부분 논술이었다(일본어는 일본어 교수가 대부분 서술형과 번역하는 것으로 문항을 출제했다).

영국 대학에서는 커다란 체육관 같은 곳에서 여러 학과의 학생들이 한데 모여서 시험을 본다. 버밍엄대는 이런 식이다. 우선, 시험 일시와 장소가 공고된다. 과목에 따라 일시와 장소가 다르다. 해당 일시가 되면 시험 장소로 가는 데, 가보면 체육관이나 커다란 홀이며 책상 사이의 간격이 널찍해서 옆 사람 시험지를 볼래야 볼 수 없다. 시험장에 입실하기 전에 상자에서 무작위로 번호가 적혀있는 플라스틱 조각을 집는다. 그런 다음 앞에 있는 테이블 위에 있는 수많은 시험문제지 중에 내가 시험 볼 과목의 시험지를 골라서 노트 3~4권을 집어 들고 번호표에 적힌 자리를 찾아 앉는다. 당연히 주위에는 다른 학과 학생들이 앉아 있다. 내가 어디에 앉을지도 모르고, 다른 문제지를 가진 다른 학과 학생들이 앉아 있으니 커닝은 사실상 불가능하다. 게다가 시험시간은 2시간밖에 안 되며 보통 5문항 중 3문항을 선택해서 답안을 작성해야 하는 상황이라 누구한테 문자를 보내서 답안을 받는 방법도 어렵다.

영국에도 객관식 시험이 있다. 하지만 문제은행식으로 유사 난도의 문항들이 출제되며, 오지선다형 선택지가 무작위로 섞여서 출제된다. 내가 영국에서 **보기섞기** 방식이 적용된 시험을 경험한 것은 영국의 식품위생 및 안전교육기관에서 식품위생 기본과정 자격과 직장 안전 및 건강 기본과정 자격시험을 치를 때다. 나는 시험을 볼 때 모든 사람이 같은 시험지를 가지고 시험을 치른 줄 알았다. 하지만 함께 시험을 치른 사람들과 답을 비교하면서 서로 다른 답을 얘기하기에 시험을 망쳤다는 생각마저 했다. 그런데 나중에 알고 보니 우리나라에서 하겠다는 **보기섞기**를 뛰어넘어 문제와 답지가 모두 재배치 된 시험이었다. 문제의 순서도 각기 달랐으며 답지의 배열도 모두 달랐다. 아마 커닝으로 어찌해보려던 사람들은 많이 당황했을 것이라는 생각이 들었다.

3

스마트한
부모이자 선생님

1 들어가며

원래 이 책은 부모이자 선생님이라는 접근방법으로 쓴 책이었다. 학교에 가면 교사가 있고, 학원에 가면 학원 선생님이 있다. 모두 내 아이 공부를 도와주는 고마운 분들이다. 하지만 서두에서 얘기하였듯이, 물리적으로 학교나 학원에서 보내는 시간이 많다고 하더라도 그분들이 내 아이만을 돌봐줄 수는 없다. 또한, 돈을 주고 1:1 과외를 해달라고 하지 않는 이상 내 아이만을 위한 특별 교육프로그램을 따로 만들어서 제공해주지 않는다. 그건 부모가 해줄 수 있는 일이다. 그렇다고 부모가 매일 하루에 1시간 이상 아이한테 매달려 있으라는 얘긴 아니다. 10분이 되었든, 일주일에 한 번이 되었든 아이 교육에 손 놓고 있지 말라는 얘기다. 이 장에서는 돈 안 들이고 엄마이자 선생님을 하는 방법에 관해 얘기한다.

2 스마트한 부모의 역할

내 아이를 행복하고 성공한 아이로 키우고 싶은가? 1995년 미국에서 이루어진 연구에 따르면, 고소득층 가정의 아이들은 3살이 될 때까지 저소득층 가정의 아이들보다 약 3천만 단어를 더 많이 듣는다고 한다. '3천만 단어의 격차'는 어휘력, 언어 발달력, 읽기 이해력 등에서 아이의 미래에 결정적인 영향을 끼친다. 고소득층 가정의 아이와 저소득층 가정의 아이가 생후에 듣게 되는 이 3천만 단어의 격차는 사실 소득의 많고 적음이 결정적 기준이 아니다. 고소득층일수록 보통 부모의 교육수준이 높고 시간적 여유가 있어서, 아이와 대화를 많이할 수 있으므로 아이가 부모로부터 더 많은 단어를 듣게되는 것이다.

4세부터 6세 사이의 아이들을 대상으로 연구한 미국 MIT 인지과학자들은 어릴 때부터 부모와 대화를 많이 한 아이들은 뇌에서 언어 처리를 담당하는 브로카 영역이 더 활발해지는 것을 발견했다. 브로카 영역이 발달한 아이들은 언어, 문법, 언어추론 능력이 다른 아이들보다 월등히 뛰어났는데, 이때 중요한 것은 부모가 아이에게 일방적으로 말하는 것이 아니라 아이와 대화를 하는 것이다. 집 안에서 막 뛰지마!, 식당에서 시끄럽게 떠들면 안돼! 라고 아이에게 지시하는 것이 아니라, 소호가 집 안에서 뛰면 어떤 일이 일어날까?, 무호가 밥 먹는데 옆에서 다른 사람이 시끄럽게 떠들면 기분이 어떨까? 등 아이와 대화를 하는 것이다. 또한, 부모도 아이가 계속 대화할 수 있도록 **조력자**^{facilitator} 역할을 해야 한다. 부모와 아이가 대화를 주고받는 횟수가 많을수록 아이 뇌의 브로카 영역이 발달한다.

아이에게 부모의 역할은 무엇일까? 가장 기본적인 의식주부터 얘기해보자. 엄마는 아이에게 밥을 해준다. 엄마는 아이가 입을 옷을 마련해주고 빨래도 해준다. 아빠는 아이가 안전하게 잘 곳을 마련해 준다. 여기까지가 우리가 흔히 생각하는 부모의 역할이다. 하지만 곰곰이 생각해보면 부모는 그 이상의 역할을 하는 경우가 많다.

부모는 아이가 외로울 때는 절친이 된다. 아이가 어릴 때는 아직 친구가 없어서 친구가 되기도 하고, 아이가 자라서 친구가 많이 생기더라도 부모는 늘 절친으로 남아 있다. 부모는 아이가 아플 때 간호사가 되기도 한다. 병원에서 처방받은 대로 아이에게 약을 먹이고, 고열에 시달리는 아이를 위해 밤새 간호해준다. 부모는 어린이집, 유치원, 학교에 적응을 잘 못 하는 아이의 상담사가 되기도 한다. 부모는 아이의 선생님이 되기도 한다. 아이에게 처음 말을 가르쳐 주고, 덧셈과 뺄셈을 가르쳐 주기도 한다. 이렇듯 부모의 역할은 다양하다.

의사소통 능력은 사회에서 살아남는 데 가장 중요한 기술 중 하나이다. 사회에서 성공한 사람들은 대부분 의사소통 능력이 뛰어난 사람들이며, 역사적 인물들의 공통점 역시 대중과의 의사소통 능력이었다. 아이가 만일 우울해 있다면 아이와 대화를 하자. 아이의 얼굴을 어루만지며 아이가 더 말을 할 수 있도록 분위기를 만들어 주자. 비록 내가 남들처럼 고소득층은 아니더라도 어떻게든 시간을 내서 내 아이와 대화를 나눠야 한다. 돈 한 푼 안 들이고 집에서 할 수 있는 일이다.

❸ 우리는 어떻게 언어를 배우나?

수 세기 동안 많은 학자가 어떻게 언어가 습득되고 좋은 언어 학습자가 되는지를 연구해 왔다. 학자마다 의견이 다르지만, 한 가지 공통으로 동의하는 건 암기다. 사람과 사람 사이에 의사소통하기 위해서는 내가 듣거나 본 것을 내가 내 입으로 말하거나 내 손으로 써야 한다. 그러기 위해서는 내 머릿속에 해당 표현이 기억되어 있어야 한다. 내 머릿속에 기억된 표현을 그 표현이 의미하는 바를 내가 알고 있어야 특정 상황에 적절하게 사용할 수 있다. 이를 **이해가능한 입력**이라고 부른다.

부모 중에는 **우리 아이가 아직 뭘 몰라서요**라고 생각하는 때도 있다. 아이가 어릴수록 더 그렇다. 하지만 아이는 제대로 말을 하지 못하는 유아기에도 점차 자아가 형성되기 시작하며 자기가 좋아하는 것과 싫어하는 것을 구분한다. 둘째 아이가 23개월 일 때는 말을 못하였다. 엄마, 아빠, 맘마를 하는 정도에 불과하였다. 하지만 둘째 아이도 자기가 하고 싶은 일과 좋아하는 일과 그렇지 않은 일은 명확히 구분한다. 그리고 자기가 하고 싶은 일이나 좋아하는 일을 못 하게 했을 때 화를 내거나 울음으로 강력한 거부 의사를 표시한다.

이런 맥락을 알면 아이의 교육을 위해 이런 상황을 긍정적으로 이용할 수 있다. 예컨대 아이가 좋아하는 것을 주제로 영어를 사용할 기회를 주는 것이다. 학교에서는 선생님이 내 아이가 좋아하는 주제나 소재로 영어를 가르치는 것은 어렵다. 하지만 집에서는 내 아이가 좋아하는 주제나 소재로 아이와 함께 영어학습을 할 수 있다. 내 아이가 좋아하는 것, 아이가 되고 싶은 것, 아이가 하고 싶은 것을 중심으로 아이가 영어로 말하게 하고 쓰게 한다. 우리말을 배울 때를 생각해보면 나도 집이나 여기저기서 들은 말을 바탕으로 내가 하고 싶은 말을 하다가 학교에서 더 정형화된 우리말을 배웠다. 영어도 마찬가지다. 최소한 집에서는 아이가 영어로 하고 싶은 말을 하도록 하는 게 좋다.

사실 부모가 아이에게 해 줄 수 있는 중요한 것 중 하나는 영어가 단순히 학교 수업 시간에 배우는 과목이 아니라 한국어를 모국어로 사용하지 않은 사람들과 의사소통할 수 있는 유용한 수단이라는 점을 인식시켜 주는 것이다. 가족끼리 해외여행 갔을 때 아이에게 영어로 얘기를 해보라고 해본다. 아이의 성향에 따라 아이가 되든 안되든 영어로 얘기를 해보려고 하는 아이도 있고, 그렇지 않은 아이도 있다. 중요한 건 부모로서 아이가 영어를 할 수 있는 환경을 제공하는 것이다.

최근 해외에서 한 달 살기가 유행이라고 한다. 내가 아는 어떤 대학교수는 몇 년 전부터 두 아이(초등학교 1학년, 초등학교 3학년)와 함께 방학 때마다 말레이시아에 간다. 영어 캠프가 아닌 국제학교에 한 달 입학을 시키고, 아이들이 학교에 가 있는 동안 본인은 숙소에서 일한다. 다행히 두 아이 모두 매일 수영을 할 수 있고, 저렴한 가격에 승마와 놀이를 할 수 있는 그곳을 좋아한다. 그런데 말레이시아를 두 번 다녀온 다음, 큰 아이가 영어 학원을 보내달라고 했다. 국제학교에서 하는 활동이 재밌는데 자기의 영어가 부족하여 다른 아이들과 의사소통이 어려워 자기 스스로 답답하다고 한다. 다음에 갈 때를 대비해서 영어를 더 잘하고 싶다며 영어 학원에 보내달라는 것이다. 이후 아이는 영어를 재밌어하며 엄마가 시키지 않아도 스스로 영어에 몰입한다. 아이가 이런 상태가 되면 적절한 시기에 인터넷을 통해 아이가 좋아하는 자료를 함께 찾거나 영어로 관련 주제에 관해 대화하는 접근이 매우 효과적이 된다.

4 부모의 기대와 주위 환경

어떤 부모는 아주 많은 시간과 노력을 쏟았는데도 아이의 영어가 나아지지 않는다며 포기하고 화를 내는 경우가 있다. 이 책을 통해 내가 계속 주장하는 건 부모 주도적 영어학습이 아니다. 또한, 부모의 역할은 교육기관에서 이루어지는 영어교육의 보조 역할을 하는 것이지, 100% 홈스쿨링 하는 상황을 염두에 두고 얘기하는 것이 아니다. 즉, 부모의 역할은 제한적일 수밖에 없고 이러한 상황에서 아이에 따라 부모의 노력이 눈에 띄는 결과로 이어질 수도 있고, 시간이 걸리지만, 천천히 나타날 수도 있고, 전혀 효과가 없을 수도 있고, 반대로 부정적인 결과로 이어질 수도 있다.

이 책을 읽는 부모와 아이가 처한 상황은 각기 다를 수 있다. 따라서 이 책은 현재 아이가 어린이집, 유치원, 또는 학교에 다니는 경우다. 이런 경우라면 아이가 다니는 어린이집이나 유치원, 또는 학교에서 영어를 가르치는 방식이 있을 수 있다. 무턱대고 아이에게 영어로 대화하거나 영어 작문을 시키기보다는 현재 아이가 어떻게 영어를 배우는지를 살펴보고, 그런 방식을 보조할 접근방법을 찾는 게 좋다.

5 자기 영어학습법에 대한 믿음

영어를 어떻게 가르치고 배우는지에 대한 개인적인 믿음은 누구나 있다. 다만 내가 처한 상황에서 내가 생각하는 믿음을 현실화시킬 수 있는지는 다른 문제다.

학교 다닐 때 어떻게 영어를 배웠는지 잠깐 기억을 되살려보자. 누구나 자기만의 스토리가 있을 것이다. 예컨대 나는 지금의 우리 아이처럼 어린이집이나 유치원을 다니지 않았다. 나는 중학교에 가서 공식적으로 처음 영어를 접했다.* 물론 나는 8살 차이가 나는 큰 누나 덕분에 어릴 때 집에서 팝송을 들을 수 있었다. 내가 초등학교에 다닐 때까지만 해도 TV에서 방영하는 **주말**

---

* 우리나라는 1997년 초등학교에 영어를 도입했다. 원래는 초등학교 1학년부터 정규 교육과정에 영어를 도입하려고 했지만, 당시 교육부는 모국어가 완성되는 만 9~10세 이후에 영어교육을 도입하는 것이 적절하다는 이유로 초등학교 3학년부터 영어 도입을 결정했고, 이후 현재까지 우리나라 공교육에서 영어교육은 초등학교 3학년부터 시작되는 것으로 굳어졌다. 물론 이러한 교육부의 주장에 대해 현실감이 떨어진다는 또 다른 주장으로 2006년에는 영어교육 연구학교 50곳을 지정하여 1~2학년에서도 영어수업을 했다. 이후 전체 초등학교에서 초등학교 1학년부터 영어를 가르치는 것을 논의했으나, 여러 가지 이유로 2008년 무산되었고 대신 3학년 이후 영어교육 시간이 확대되었다. 2019년 현재도 공식적으로는 아이들이 초등학교 3학년부터 영어를 배운다(3~4학년은 주당 2시간 이내, 5~6학년은 주당 3시간 이내 수업 편성)

의 **명화**에 등장하는 헐리우드 배우들은 모두 한국어를 했다. 상황이 이렇다 보니 나는 성우 배한성씨가 정말 맥가이버인 줄 알았다. 하지만 중학교에 가서 동네 극장에 가니 더빙이 아닌 정말 영어로 말하는 헐리우드 배우들을 보며 미국 배우들이 원래 한국어를 유창하게 잘하는 게 아니라는 것을 알게 되었다. 지금 생각해보면 중학교 때 마돈나에 열광해서, 라디오에서 흘러나오는 마돈나 노래를 카세트테이프에 녹음한 다음, 그걸 수십 번 반복해서 틀며 한국어로 따라 적어 부르던 생각이 난다.

어떤 사람은 내가 영국 유학을 가서 10년 넘게 살며 대학과 대학원을 졸업했고, 영어교육 박사학위까지 받았으니 최소 영어 원어민 정도의 영어를 하는 것으로 생각한다. 게다가 영어 원어민들의 석사 학위 논문 지도를 했으니 당연히 그들보다 영어를 잘할 것으로 생각한다. 심지어 지금은 영어 강의도 하는 영어영문학과 교수다. 그렇게 생각할 수도 있지만, 솔직히 이 글을 쓰고 있는 이 시점에도 내 영어 상태는 원어민 수준이 아니다. 그렇다고 지금 당장 영어로 이메일을 써야 하는 상황이거나 영어로 회의해야 한다고 할 때 영어로 내 의사 표현을 못 하지는 않는다. 현재 캐나다에서 온 박사과정 학생의 논문지도를 하고 있고, 국제학술지의 편집위원장을 맡아 거의 매일 전 세계에 있는 외국인과 이메일을 주고받으며 소통한다. 우리말처럼 영어가 편하지 않지만, 필요하면 찾아서 꾸역꾸역 영어를 한다.

본론으로 돌아가서, 한 번쯤은 내가 어떻게 영어를 배웠는지
에 대한 경험을 바탕으로 어떤 방법이 좋았고, 어떤 방법은 별로
였는지 생각해봐야 한다. 중고등학교 다닐 때 호되게 배웠던 영
어와 내가 정말 관심 있었던 것을 알고자 스스로 찾아가며 배웠
던 영어를 비교해보면 답은 바로 나온다. 물론 학교나 학원에서
정기적으로 단어 시험을 보고, 문제를 틀리면 선생님이 지적을
해주는 방식이 전혀 도움이 안 된다는 얘기는 아니다. 이 책에서
는 그런 방식과 더불어 집에서 부모가 해줄 수 있는 방식을 고민
하고 있는 것이다.

[과제]

1. '가르친다'는 것에 대한 의미는 무엇인지 생각해보자.

2. '학습을 돕는 것'과 '학습을 방해하는 것'의 목록을 만들어 보자.

학습을 돕는 것	학습을 방해하는 것

6 스마트한 부모이자 선생님 훈련

우리나라에서 학교 교사가 되는 방법은 다양하다. 초등교사를 양성하는 교육대학교나 중등교사를 양성하는 사범대학, 또는 교육대학원을 졸업하면 2급 정교사 자격증이 나온다. 이후 사립학교에서 교사로서 일할 수 있고, 국·공립학교에서 일하려면 한국교육과정평가원에서 시행하는 교육공무원 임용후보자 선정경쟁시험을 치러 합격하면 된다. 이렇게 긴 시간을 거쳐 교사가 되더라도, 3~4년 후에 시·도교육청에서 실시하는 1급 정교사 자격연수를 받아야 비로소 1급 정교사가 된다. 물론 이후에도 교사로서 변화하는 교육 환경과 사회요구에 따라 끊임없이 연수와 재교육을 받는다. 부모이자 선생님의 역할도 마찬가지다. 단지 내가 알고 있는 상식 수준에서 선생님 역할을 하다가는 아이에게 오히려 부정적인 영향을 끼칠 수 있다. 따라서 내 아이의 학습에 도움이 될 수 있는 연수를 받을 필요가 있다. 수업지도 실습이 있는 강좌를 듣거나, 경험이 많은 교사로부터 도움을 받을 수 있고, 책을 통해 이전에 접하지 못했던 교육학적 소양을 쌓거나, 요즘 주목받는 유튜브를 통한 교육 방송 시청, 다양한 교육전문가의 강좌를 무료로 수강할 수 있는 KMOOC를 통한 재교육 창

구가 있다.[*]

[*] 국가평생교육진흥원은 2015년부터 온라인을 통해 언제 어디서 누구
나 원하는 온라인 공개강좌를 제공하는 한국형 무크를 운영하고 있다.
URL: http://www.kmooc.kr

7 부모이자 선생님일 때 감정

부모로서 선생님 역할을 할 때는 부모로서의 개인적인 성격은 잠시 접어 두는 것이 좋다. 수십 년 동안 이어진 개인적인 성격을 완전히 바꿀 수 없으니, 아이와 활동을 할 때만 잠시 접어둔다. 성격 자체가 내성적인 사람은 아이와 함께 활기차게 영어를 읽으며 활동하기 어려울 수 있다. 하지만 선생님 역할을 할 때는 개인적인 성격은 잠시 잊고 아이가 이뤄야 할 목표를 돕기 위해 활기찬 분위기를 조성하고 함께 해야 한다는 각오를 다져야 한다. 부모의 기운이 처져 있다면, 아이도 기운이 처지게 된다.

'똑소리 난다'는 말이 왜 나왔는지 이해가 되는 영어교육과 교수가 있다. 첫째는 딸이고, 둘째는 아들이다. 딸은 외국어고등학교를 우수한 성적으로 졸업한 다음, 미국 아이비리그 대학으로 바로 유학을 갔다. 딸에게 어떤 식으로 영어를 가르쳤고, 아이가 어떻게 영어를 좋아하게 되었는지 물었다.

아이들을 키우다 보니 타고난 유전자가 어느 정도 영향을 끼치는 것 같다는 뉘앙스의 얘기를 했다. 영어교육 방법론 차원에서 구체적으로 어떻게 했냐고 물으니 나온 대답이었다. 날 때부터 그렇게 태어나는 것 같다는 그런 얘기를 하니 그렇게 타고나지 않은 것으로 보이는 우리 딸은 어쩌나 싶었다. 생각이 많아졌다. 아이를 다 키워놓고 보면 타고난 건지 어떤지 알겠지만, 아직 어릴 때는 그게 잘 안 보인다. 일단은 알겠다고 하고, 그래서 뭘 어떻게 했는지 물었다.

미국 유학 시절 딸을 미국에서 낳아 남편과 둘이 키우다 보니, 저녁때면 모두 거실 식탁에 둘러앉아 책을 읽었다고 한다. 공부를 하며 틈틈이 딸에게 책을 읽어주곤 했다. 딸에게 책 읽어주다 보니 딸이 영어를 자연스럽게 받아들인 것 같고, 궁극적으로는 책벌레가 된 게 아닌가 싶다고 했다. 책벌레인 아이들은 대부분 공부를 잘하는 것 같다고 덧붙였다.

귀국해서 딸이 5살 때 영어유치원에 보냈는데, 당시에는 영어유치원이 초창기라 우후죽순 생겨나던 시절이었다. 교육전문가가 보기에는 프로그램도 엉성했다. 그런데 아이가 미국에서 살다 온 탓에 한국어가 다소 부족했는데, 아이러니하게도 영어유치원에서 제대로 된 한국어 교육을 받을 수 있었다고 한다.

아들도 5살 때부터 영어유치원에 보냈는데, 그때는 영어유치원들끼리 경쟁이 극심했던 때라 프로그램이 상당히 업그레이드되어있었다. 하지만 아들이 영어유치원에서 **학교 못지않은 경쟁을 겪은 것 같아서 안쓰러웠다**고 했다.

영어유치원에 대한 생각은 전문가 사이에서도 의견이 갈린다. 주위 특수교육이나 유아교육 교수들 얘기를 들어보면, 어린이집조차 안 보내는 사람들이 적지 않다. 어린이집은 보육시설이라는 이유다. 어떤 교수는 사회성을 키우기 위해 아이를 어린이집에 보내야 한다는 게 아이를 영어유치원에 보내는 이유라면, 차라리 백화점 문화센터에서 운영하는 프로그램 몇 개를 아이하고 같이 하는 게 더 났다는 얘기도 한다.

한편, 가능한 TV, 컴퓨터, 스마트폰 등을 늦게 접하게 하고, 대신 **책을 읽을 수 있는 환경을 만들어주면 좋다고** 조언을 해줬는데 이 부분도 생각이 다를 수 있다. 아이의 언어 발달 단계와 인지능력 수준을 고려하면, 책이 그렇게 친근한 물건이 아닐 수 있다. 유치원에 다니는 큰 아이는 내 서재 책꽂이에 있는 전공 서적을 여전히 장난감 취급한다. 아직은 알록달록 그림이 그려진 종이에 불과하기 때문이다. 책을 읽어야 하는데, 아직은 책을 읽을 수 있는 수준이 아니라는 얘기다.

연구년과 같이 외국에 1년 이상 나갈 기회가 있다면, 그때를 잘 활용해보라는 얘기도 했다. 아이들이 구어적인 언어능력을 키우는 최상의 환경이 된다는 것이다. 그런 상황은 내가 영국에서 유학할 때 직접 목격을 했던 터라 전적으로 공감하는 얘기다. 대신 구체적인 준비 없이 그냥 외국에 나가면 오히려 역효과가 생기는 것도 봤기 때문에 평소에 미리 치밀하게 준비하는 것이 좋다.

⑦ 알려주세요, 선생님!

1. 헷갈리는 영어: Year-old, years old는 늘 헷갈려!

Year-old는 형용사구이다. Year-old는 사람이나 사물의 나이, 또는 와인처럼 묵은 햇수 등에 사용될 때가 많다.

> A 13-year-old American boy has become the youngest person to reach the top of Mount Everest.
>
> 출처: 2010년도 국가수준학업성취도평가 문제지 영어 영역

상대방이 누구나 무엇을 언급하는지가 분명할 때는 뒤에 나오는 명사를 생략하기도 한다.

> In fact, the most accurate comparison is to a human child: dogs have the social cognition capacities of a 2-year-old.
>
> 출처: 2013년도 전국연합학력평가 문제지 영어 영역

형용사 뒤에는 's'를 붙이지 않으므로 'a nine-years-old girl'은 틀린 표현이다. 예를 들면 'a happys dog'에서 'happys'는 틀린 표현이라는 얘기다. 참고로 이러한 형용사구는 항상 하이픈으로 연결한다.

Years old는 명사구이다. Years old도 사람이나 사물의 나이를 뜻하지만, 여기서 'year'는 명사이며 복수형을 취한다.

When he was <u>eight years old</u>, his father died, and less than a year after this tragedy, his mother passed away, leaving him an orphan.

출처: 2013년도 대학수학능력시험 문제지 영어 영역

물론 앞에 one이 나올 때는 예외다. 다시 말해 단수 뒤에 복수형을 뜻하는 s를 붙이지 않는다(예, He is one year old, She is nine years old).

2. 영국 문화: 영국의 힘

↑ 사진 설명: 위 사진은 영국 옥스퍼드에서 2009년 10월 3일 토요일 오후에 찍은 시내버스 내부 사진이다. 영국 버스는 2층 버스가 많고, 오른쪽에는 2층으로 올라가는 계단이 있다. 버스 구조가 이렇다보니 입구가 좁은 게 특징이다.

사진에서는 잘 보이지 않지만, 2층으로 올라가는 계단 앞에는 버스 운전기사 좌석이 있다. 그리고 계단 맞은편은 큰 짐을 타고 버스에 승차하거나 유모차와 함께 버스에 승차하는 사람들을 위한 공간이다. 이 공간에는 접히는 의자들이 있다. 보통 큰 짐이나 유모차가 없을 때는 접혀있던 의자를 펼쳐서 사람들이 앉는다.

사진을 찍은 날은 오전에는 아주 화창했다가 오후 들어 바람이 많이 불고 비도 조금씩 흩날리던 전형적인 영국의 초가을 날

씨였다. 저 사진을 찍게 된 이유는 어떤 아기 엄마 때문이었다. 아기 엄마는 모처럼 날씨 좋은 날 유모차에 아기를 태우고 외출했던 모양이었다. 그런데 갑자기 날씨가 나빠졌고 비가 뿌리기 시작하였다. 집으로 가는 버스가 도착하자 아기 엄마는 서둘러 유모차를 버스에 싣고 타려고 했던 모양이다.

그런데 바로 그때 버스 기사는 손을 들어 그 아기 엄마를 제지했다. 버스 기사가 승차 거부를 한 것이다. 그 버스에는 이미 유모차가 한 대 승차해 있어서 추가로 한 대 더 실을 공간이 없다는 이유다. 그것이 영국의 버스 운행원칙이었나 보다. 영국 버스 배차 간격은 정말 길다. 지방이고 주말일수록 버스 배차 간격은 더 길다. 내가 알기로도 그 버스는 주말이 되면 30분에 한 대밖에 없다. 엎친 데 덮친 격으로 그 날은 비도 왔다. 유모차를 한 대 더 태운다고 굳이 뭐라 할 사람도 없을 텐데 그 버스 기사는 단호했다.

아기 엄마와 버스 기사의 실랑이가 잠깐 있었지만, 결국 버스는 유모차를 싣지 않고 출발했다. 이 상황을 어떻게 받아들여야 할지 잠시 생각에 잠겼다. 원칙만 놓고 보면 그 버스 기사가 맞다. 안전 규칙상 한 버스에 유모차가 한 대밖에 못 들어가므로 사정이 딱해도 이를 어기면 원칙은 무너진다. 원칙은 기본이 되는 규칙이나 법칙이다. 이것이 무너진다면? 만일 버스 기사가 인정상 그 한 대를 더 태웠다면, 우선 버스를 이용하는 다른 승객

들이 불편했을 것이다. 그뿐만 아니라 그 유모차는 통로에 있어야 했기 때문에 안정적으로 고정할 수 없다. 사고라도 나면 그 유모차 때문에 다른 사람들이 크게 다칠 수 있다. 무엇보다 가장 위험한 건 바로 그 유모차에 타고 있던 아기일 것이다.

결과적으로는 원칙을 어긴 그 버스 기사가 이에 대한 모든 책임을 져야 한다. 당연히 그 버스 기사는 냉정해질 수밖에 없었을 것이다. 우리나라에서 만일 이와 비슷한 상황이 벌어졌다면 어땠을까? 버스 안에 타고 있던 누군가 나서서, 비도 오는데 그냥 그 유모차를 태워주라고 할 사람이 있었을지 모른다. 하지만 영국인들은 아무도 그런 행동을 하지 않았다. 관심이 없고, 그 아기 엄마가 측은하지 않아서였을까?

나는 그렇지 않다고 생각한다. 이들 대부분은 원칙을 어기고 그 유모차를 태우는 것이 어떤 결과를 초래할지 알기 때문이다. 이미 오랜 경험을 통해 어떤 일이 일어날 수 있다는 것을 안다는 얘기다. 즉, 이들에게 역사는 과거가 아니라 미래이다. 과거의 실수를 최대한 되풀이하지 않는 것이 영국의 교육이고, 이들의 문화이다.

나는 원칙에 충실한 사람은 자신의 욕심이나 감정을 억제할 수 있는 사람이라고 생각한다. 그만큼 일관성을 갖고 지속해서 원칙에 충실하기란 어렵기 때문이다. 140권 이상의 로마 역사서를 저술한 것으로 알려진 티투스리비는, **엄청난 결과를 초래하는**

대사건들이 종종 하잘것없어 보이는 사건에서 싹튼다고 했다. 그리고 그런 사건들은 늘 그렇듯이 단 한 번의, 아주 사소해 보이는 원칙의 예외에서 비롯되는 경우가 많다.

살다 보면 가끔 주변 상황 때문에 결정하기 어려운 때가 있다. 그러나 선택하기 어려울 땐, 고통스럽더라도 원칙에 충실하라. 이것이 그날 내가 옥스퍼드 유모차 승차 거부 사건을 보고 내린 결론이다.

3. 영국식 교육: 옥스퍼드대학교 네티켓 교육

2008년 7주 동안 옥스퍼드대학교에서 운영한 「효과적인 온라인 튜터링」 과정을 마쳤다. 이 과정에는 영국에 있는 사람들을 포함하여 말로만 듣던 카리브 해의 바베이도스와 서로 다른 유럽 국가에 사는 12명의 사람이 참여했다.

강의가 시작되기 전에 가진 온라인 예비 모임에서 가장 먼저 나온 주제가 바로 네티켓이었다. 옥스퍼드대학교 코스 튜터는 코스를 본격적으로 시작하기에 앞서 앞으로 우리가 어떤 온라인 코스를 운영하게 될지 모르지만, 튜터와 학생, 학생과 학생 사이의 네티켓 교육은 반드시 선행되어야 한다고 강조하였다. 어떤 수업을 하더라도 반드시 네티켓에 대한 명확하고 분명한 원칙을 정하고, 이에 대해 튜터와 학생 모두가 동의하는 것이 대단히 중요하다고 강조하였다. 특히 교실에서 이루어지는 전통적인 면대면 수업이 아닌 비대면 온라인 수업은 코스 내용과 무관하게 네티켓이 지켜지지 않아 파행을 겪는 경우가 많다는 것이다. 7주 코스는 실제 얼굴을 맞대고 하는 수업이 아닌 온라인에서 이뤄지는 이러한 문제를 상정하고 어떻게 효과적인 온라인 튜터링을 할 것인지, 어떻게 코스를 운영할 것인지에 관한 기술적, 교육적 내용을 모두 포함하였다.

내가 옥스퍼드대학교의 네티켓 교육을 받은 지 10년이 넘었다. 하지만 우리나라에서는 여전히 네티켓 교육이 체계적으로 이뤄지고 있지 않음을 늘 목격한다. 우리나라에서는 온라인이라고 익명성이 보장되는 줄 착각하고, 그 작은 컴퓨터 스크린 뒤에 숨어서 평상시에는 하지 못할, 아니 하지 않을 일을 서슴없이 한다. 상대방을 비꼬고, 비웃고, 상처를 준다. 마녀사냥식의 악성 댓글로 인해 오늘도 누군가는 상처를 입고 있다. 물론 수강자가 실명으로 되어 있는 학교 이러닝 과정은 상황이 조금 다르지만, 서로에 대한 존중과 적절한 네티켓 없이는 어떤 식으로든 오해와 불화가 일어나기 마련이다.

영국에서는 어린이집이나 유치원에서부터 철저한 예절교육이 시작된다. 남을 배려하는 마음이 어릴 때부터 몸에 배도록 하는 것이다. 그렇게 몸에 밴 예절이 인터넷에서도 그대로 적용된다. 대표적인 예로 영국 BBC 뉴스 홈페이지에 올라오는 댓글을 보면 영국인들의 자정 능력을 확인할 수 있다.

요즘 아이들이 초등학교 가기 전부터 집에서 컴퓨터와 인터넷을 사용한다는 점을 고려한다면, 정식 공교육이 시작되는 초등학교가 아니라 훨씬 그 이전부터 네티켓 교육을 시작해야 한다. 세상은 이미 4차 산업혁명시대인데 교육만 뒤쳐져 있을 수는 없다.

4

아이와 영어수업은
어떻게?

1 들어가며

영어교육도 전략이다. 같은 시간을 쓰고 교육 효과는 두배로
보는 법은 없을까? 이 장에서는 집에서 아이에게 영어를 가르칠
때 어떻게 하면 좋을지 방법론적인 측면에서 설명한다. 어떤 사
람은 집에서 아이하고 영어로만 얘기해야 한다는 생각을 하기
도 하지만, 상황에 따라 대응하는 방식은 다를 수 있다. 또한, 이
장에서는 아이의 말을 흘려듣지 않고 아이가 한 말에 관심을 보
이고, 아이가 한 말에서 조금 더 질문을 유도하거나 이야기를 발
전시켜가는 기술적인 방법에 대해서도 알아본다. 집에서 영어를
가르킬 때 아이가 한 명일 수도 있지만, 아이가 두 명이거나 옆집
친구와 함께 하는 방법도 설명한다.

2 우리말 사용 문제

영국에서 태어나 캐나다에서 저널리스트, 작가, 강연가로 활동하는 말콤 글래드웰은 **아웃라이어**에서 1만 시간의 법칙을 제시했다. 어떤 분야에서 뚜렷한 성과를 이루기 위해서는 최소 1만 시간의 학습, 경험, 훈련이 있어야 한다는 것이다. 영어도 꾸준히 영어 사용에 노출되어야 영어가 는다는 주장이 있다. 뭔가를 잘하려면 우선 양적인 노출이 많아야 한다는 점에 동의한다. 나는 영국에서 귀국한 후에도 영국에서 하던 대로 영국 BBC 라디오를 틀어놓고 잔다. 지금도 내가 사용하는 컴퓨터 홈페이지는 영국 BBC 뉴스의 교육 섹션이다. 인터넷 브라우저를 새로 시작할 때마다 강제적으로 기사를 하나씩 읽는다. 또한, 연구실에 있는 태블릿에는 영국 라디오 앱을 깔아 온종일 영국 뉴스를 틀어놓는다. 뉴스 채널이다 보니 가끔 계속 반복된 뉴스가 나오는 게 지겨워서 음악 프로그램으로 채널을 돌리기도 한다.

집에서 아이에게 영어를 가르칠 때 아이에게 간단히 영어로 질문하고 아이가 영어를 자연스럽게 습득하여 사용하도록 하는 방법이 좋다. 언제 영어를 사용하고, 언제 우리말을 사용해야 하는지에 대해 지나치게 규칙을 적용하기보다는 아이의 상태와 상황에 따라 아이의 기분이 일정 상태가 될 때까지는 유연하게 우리말을 사용하는 것도 괜찮다.

간혹 부모 말을 아이가 못 알아들으면 아이에게 짜증을 내거나, 혹시 부모의 영어 발음이 나빠서 그런가를 고민하는 때도 있다. 결론부터 얘기하면 부모가 영어로 질문했을 때 아이가 못 알아듣는다고 절대 짜증 내거나 화내지 말라. 그리고 부모의 영어 발음에 너무 신경 쓰지 않아도 된다. 아이가 그냥 컨디션이 안 좋아서 못 알아듣는 척을 할 수도 있다.

참고로 영문법 같은 규칙을 설명할 때는 한국어를 사용하는 게 더 효율적일 때가 많다. 예컨대 eat를 과거 형태로 사용할 때는 ate라고 한국어로 설명하고, 이런 형태의 용례를 연습할 때는 영어로 하는 식이다. 아이가 eat의 과거 형태가 정확히 어떻게 변하는지에 대한 이해가 없으면 그다음 단계로 진행하기 어려울 수 있기 때문이다. 물론 영어를 사용하면 더 좋은 때도 있다. 예컨대 Open, Turn, Tell, Listen, Stand, Think 등과 같이 간단한 지시를 할 때나 Open your book at page 60, Fill in the table in front of you by asking your partner questions 등과 같이 다소 복잡한 지시를 할 때나, Let's begin today's lesson과 같이 수업을 시작하고 Let's finish today's lesson과 같이 수업을 끝낼 때 영어를 사용하는 것이다.

[영어 수업에서 활용할 수 있는 영어 지시문]

· Let's start today's lesson.
· Good.
· Now look at the picture on page 13.
· Good.
· Write down five things you can see in the picture.

[엄마표 영어 수업에서 활용할 수 있는 교실 영어]

· Ask (me/your partner)
· Be quiet.
· Close your books.
· Come to the front.
· Don't speak in Korean.
· Get into (a circle/a line/ pairs / groups of four)
· Listen to me/ again.
· Look at (the board/me)
· Move your desks …
· Pick up your
· Put you hand(s) up
· Read
· Repeat
· Sit down
· Show me
· Speak up a bit (louder/faster)
· Stand up
· Swap your books/papers
· Tell me
· Try your best
· Turn around
· Turn over your books
· Work in pairs

· You've got (five minutes)

* 추가로 영어수업에서 활용할 수 있는 교실 영어, 유용한 표현, 교수법 관련 내용은 http://blog.naver.com/edugateway_laha를 참고한다.

❸ 영한 번역의 효과와 역할

학교 현장에서는 영어 단어나 문장을 우리말로 번역하여 학생들의 이해를 돕는다. 같은 반이라고 해도 학생의 수준이 천차만별이라 선생님은 평균 정도의 수준에 맞춰 영어수업을 해야 뒤처지는 학생이 적기 때문이다. 대규모 집체식 교육의 한계다. 사정이 이렇다 보니 영어로만 영어수업을 할 수 있는 선생님도 있지만, 이런저런 이유로 우리말로 수업하는 선생님도 꽤 있다. 교육적인 관점에서 보면, 영어 단어나 문장을 우리말로 번역해 주는 게 학생들의 영어 실력을 키우는 데 큰 도움이 안 될 수 있다. 하지만 현실이 그러므로 학교에서는 선택의 여지가 없다. 부족한 학생도 함께 가야 하기 때문이다.

집에서는 내 아이에게 맞는 맞춤형 수업을 할 수 있는데, 이때 영한 번역으로 할 것인지 고민해야 한다. 아이는 스스로 생각하고 고민해야 더 오래 기억한다. 수학 문제를 풀 때도 문제를 풀기 전에 답을 먼저 아는 것과 모르는 것의 차이는 크다. 새로 배우는 영어 단어나 문장을 모두 우리말로 번역해서 그 의미를 알게 되면 왜 그 영어 단어나 문장이 그런 뜻인지 고민을 안 하게 된다.

영한 번역이 익숙해지면 아이는 부모가 영어 단어나 문장을 말한 다음 우리말로 번역해 줄 것으로 생각한다. 영한 번역을 하는 방식으로 수업하다 보면 영어 단어나 문장을 늘 우리말로 번

역할 수 없는 것도 문제다. 물론 우리말로 번역해 주는 편이 아이의 이해를 빨리 도울 때가 있다. 아이와 일상생활에 관한 영어 읽기를 하다가 porridge^{오트밀을 물이나 우유로 끓인 죽}을 영어로 설명하기보다는 우리말로 설명하여 넘어가고 다루고자 하는 내용에 더 많은 시간을 할애하는 것이 아이의 이해를 돕거나 시간을 효율적으로 사용하는 방법이다.

[코플랜드 교수의 경험]

나는 제2외국어로 불어를 배웠어요. 수업 시간에 불어로 된 소설을 공부해야 했는데 불어로 된 책이 읽기 싫어서 영어로 번역된 책을 읽고 했어요. 영어로 번역된 책을 읽으니 스토리를 이해하는 데 매우 유용했지만, 새로운 불어를 배우는 데는 전혀 도움이 되지 않았어요. 그래서 원래대로 불어 버전을 읽으며 각각의 단어가 의미하는 바를 생각하게 되었고 불어를 더 효과적으로 사용하는데 도움이 되는 유용한 문구를 많이 배웠어요. 돌이켜보면 학생들에게 흥미있고 동기를 부여하는 것과 외국어를 배우는 과정에서 어렵지만 원어 읽기를 독려하는 것과의 균형을 유지하는 게 중요하다는 생각이 들었어요.

4 아이에게 질문하기

일반적으로 학교에서 선생님이 학생에게 질문하는 것은 학생이 수업내용을 제대로 이해했는지를 확인하는 행위이다. 이러한 질문은 추후 지필평가나 수행평가를 통해 궁극적으로는 학생평가로 이어진다. 집에서 아이에게 하는 질문은 질문의 목적이 아이를 평가하기 위함이 아니다. 학교와 달리 아이를 평가하기보다는 내 아이가 내가 전달한 내용을 실제 이해했는지 확인하고 아이 스스로 자기가 아는 지식을 뽐내보도록 기회를 마련해 주는 것이다. 예컨대 아래와 같은 상황은 아이가 당근을 영어로 알고 있는지 확인하고, 아이의 언어 지식이 돋보여지도록 질문하는 것이므로 보여주기식 질문이라고 할 수 있다.

> 선생님: Soho, what is this vegetable?
> 소호: It's a carrot.
> 선생님: Good.

가끔 질문 중에는 아이를 테스트하기 위한 진짜 질문을 섞는 것도 아이의 도전 정신을 키우는 데 도움이 된다.

선생님: Soho, what time do you get up?
소호: At 5:30.
선생님: 5:30! That's early!
소호: Yes.

　아이에게 하는 질문 유형과 방식이 다양해야 한다. 아이가 대화 실력을 키울 수 있도록 다양한 유형의 질문을 통해 아이가 늘 단답형 대답이 아닌 길게 대답하는 방식도 키워줘야 한다. 참고로 다음과 같이 다양한 대답을 고려한 질문은 한국어 상황에서도 활용할 수 있다. 예컨대 나는 큰 아이가 한국어로 닭고기, 소고기, 돼지고기를 기억하게 하고 싶을 때 간단한 게임을 한다. 먼저 오른손 엄지손가락만 펴고 소호가 좋아하는 하얀색 고기가 뭐지? 어제도 먹었는데?(실제 어제도 먹었음)라고 묻는다. 그러면 처음에는 닭고기라는 단어가 생각이 나지 않아 우물쭈물한다. 그러면 꼬꼬댁~을 한 번 해준다. 그래도 대답을 못 하면 닭고기라고 알려준다. 두 번째 질문인 우리 소호가 좋아하는 핑크색 고기가 뭐지?라고 했을 때 아이가 대답을 못 하면 음메~를 하며 소고기를 말해준다. 세 번째 질문인 우리 소호가 좋아하는 하얀색하고 핑크색 고기가 뭐지?라는 질문에 우물쭈물하면 꿀꿀~을 하며 돼지고기라고 알려준다. 이 과정을 되풀이하며 꼬꼬댁이나 음메, 꿀꿀 등만 알려주는 단계를 거쳐도 제대로 대답을 못 하면 소리를 내지 않고 닭고기, 소고기, 돼지고기를 입 모양으로만 알려주는 방법도 있다. 아이에게 이런 방법으로 쉽고 재밌게 게임처럼 하면 기억도 오래간다. 나중에 친구에게 한 번 해보라고 해서 놀이처럼 자연스럽게 질문하기를 연습시키면 나중에는 주로 질문을 받는 역할을 벗어나 질문을 하는 역할도 능숙히 해낸다.

[다양한 대답을 고려한 질문]

질문유형	예
일반적인 질문	Can you explain how to drive a car?
특정 주제에 관한 질문 (다양한 대답이 가능)	What would you take into consideration when choosing a car?
특정 정보에 관한 질문 (가능한 대답이 제한적)	Apart from going by car, how else can you travel to..?
특정 주제에 관한 질문(대답은 한 가지)	What colour is this car?
문장의 완성을 요하는 질문	This car is yellow and...?
주어진 질문에 대해 답을 선택	Is it a sports car or a family car?
예/아니오 질문	Is this the same car?
간단히 확인하는 질문(예/아니오가 필요)	by car or train?

4.1. 열린 질문

다음의 선생님과 소호의 대화를 잘 살펴보자.

선생님: Can you tell me about your holiday, Soho?
소호: Holiday? It was nice. Umm I um we go Incheon and eat
many seafoods and fishes. Mmm, very good.

위 대화에서 선생님의 질문은 열려 있다. 선생님이 소호에게 예/아니오 단답형 대답을 요구하는 질문이 아니다. 소호가 하고 싶어 하는 말을 하라는 것이다. 따라서 소호는 긴 대답을 할 수 있다. 영어를 사용하여 대답하는 것에 익숙해질 수 있도록 일정 단계에서는 이와 같은 열린 질문을 자주 해주는 것이 좋다. 물론 항상 열린 질문만 하면 아이가 쉽게 지칠 수도 있으므로 단답형 대답과 짧은 대답을 요구하는 질문도 함께 섞어서 한다..

4.2. 질문은 누가 하지?

흔히 질문은 선생님이 하고 학생은 대답하는 것으로 생각한다. 그런데 집에서는 어떤가? 아이는 정말 귀찮을 정도로 질문하면 부모는 정말 귀찮다는 듯이 대답한다. 아이가 질문을 많이 하는 건 매우 좋을 일이다. 그만큼 호기심이 있다는 얘기이고, 어떤 식으로든 대답을 듣고 싶어 하는 자발적인 관심이다. 아이만 질문하지 않고, 부모도 질문하며 이런 상황을 적절히 잘 이용해야 한다. 서로가 질문하다 보면 질문도 잘할 필요가 있다는 걸 느낄 때가 있다. 대답도 마찬가지다. 부모(선생님), 소호, 무호의 대화를 잘 살펴보자.

> 선생님: Soho, face shape
> 소호: How... face shape does he have?
> 선생님: What face shape.
> 소호: What face shape does she have?
> 무호: So you mean round, or long, or narrow?
> 소호: Yes
> 무호: She has a round face, beautiful eyes!

위 대화는 선생님이 먼저 소호에게 인물 사진에 대해 질문을 하였고, 소호가 사진을 설명하고, 무호가 다시 묻는 대화이다. 선생님은 ... does she have? 와 ... has a ... 문장 구조를 연습시키는 중이며, 참고로 소호는 첫 번째 문장에서 많은 실수를 저지르고 있다. 하지만 위 대화에서 가장 흥미로운 것은 아이들이 서로 질문을 하는 횟수이다. 또한 소호는 배운 질문 양식(What shape face does she have?)을 사용하고 있으며, 무호도 소호가 정확한 대답을 할 수 있도록 추가 질문(So you mean round, or long, or narrow?)을 하고 있다. 이런 식의 질문, 즉 추가 설명

을 요구하는 질문은 아이들이 앞으로도 어떤 상황에서 잘 이해
가 안 가면 추가 설명을 요청하는 것으로 단순히 이 책에서 뿐만
이 아니라 아이가 세상을 살아가는 데도 필요한 포인트이다. 아
이들은 100% 이해가 안 되면 이와 같은 추가 설명 질문을 함으
로써 대화를 계속 이어가고, 확인해 가는 게 중요하다는 걸 배워
야 한다. 물론 부모는 만일 아이가 학교에서 이런 질문을 연습할
기회를 충분히 얻지 못했다면 집에서라도 아이가 연습할 수 있
도록 기회를 마련해 줘야 한다(이 말은 부모한테만 해당되는 얘
기가 아니라 할머니, 할아버지, 고모, 이모, 삼촌 등 모든 어른 가
족에게 해당하는 말이다).

5 아이 말에 관심 보이기

아이를 키우다 보면 아이가 무슨 말을 했을 때 바로 반응을 보이지 않으면, 아이는 부모가 반응을 보일 때 까지 계속 같은 말을 한다. 그런데도 부모가 별 신경을 쓰지 않으면 아이가 울먹울먹하다가 갑자기 **우왕~**하고 우는 것을 경험한 적이 있을 것이다. 아이는 자기가 한 말이 어떤 것이건 간에 부모가 관심을 두기 바란다. 다음 선생님과 소호의 두 대화를 비교해보자.

[대화 1]
선생님: Do you like Korean food?
소호: Yes, Ilike fish, so that helps. I live next door to a Tofu shop so Ieat a lot of that.
선생님: Can you use chopsticks?
[대화 2]
선생님: Do you like Korean food?
소호: Yes, I like fish, so that helps. I live next door to a Tofu shop so Ieat a lot of that.
선생님: Can you buy Tofu in England?
소호: Yes but not so easily.
선생님: How do you cook it?

질문을 누가 하더라도 대답할 때 완전한 대답을 하는 연습을 하는 게 좋다. 예컨대, Do you like Korean food?라는 질문에 Yes, I <u>like</u> Korean food와 같이 대답하는 것이 문법적으로는 적절하다. 하지만 상황에 따라서는 이러한 문법적인 대답보다도 대화 역량을 키우는 데 더 중점을 둘 필요가 있다. 물론 소호는 완전한 대답을 했지만, [대화 2]에서 선생님은 소호의 대화에 더 관심을 보이며 대화를 이어가고 있으므로 [대화 2]가 더 자연스럽게 보인다. 이런 연습은 집에서도 할 수 있다. 아이가 둘 이상일 때는 서로 질문하기와 대답하기를 하도록 하며, 후속 질문을 하는 아이에게는 칭찬하고, 앞으로도 계속 질문하도록 기운을 북돋아 주기 위해 사탕이나 아이가 좋아할 만한 것을 인센티브를 주는 것도 좋은 방법이다.

6 아이의 대답을 확장하기

영어 단어 Elicit^{(정보나 반응 따위를 어렵게) 끌어내다}는 단순히 질문하는 것이 아니라 더 깊은 대답을 끌어내는 행위를 의미한다. 안부나 주고받는 질문이 아니라 내가 상대방으로부터 찾는 특정 정보나 반응을 끌어내는 고차원적인 질문 기법이다. 이렇게 특정 정보나 반응을 끌어내는 질문 방식은 교육적으로도 활용된다. 예를 들어 아이에게 어떤 아이디어를 주기 위해 그림이나 질문을 하면(사전 끌어내기 단계), 아이는 어떤 영어 단어나 정보를 제시하기 위해 시도한다(끌어내기 단계). 이후 부모는 아이가 사용한 영어 단어가 맞는지, 좋은 시도였는지에 대한 피드백을 준다(사후 끌어내기) 등을 적용할 수 있다. 피드백 단계에서 중요한 것은 아이의 의견에 긍정적인 반응을 보이는 것이다. 예컨대, Good try, but not quite right. 또는 간단하게 Nearly!라고 말하는 방법도 있다. 아이는 부모가 더 관심 가져주고 활기차고 재미있게 대화하면, 부모가 어떤 말을 하는지 귀 기울여 들으며, 부모의 말을 소중하게 기억한다.

7 스마트한 짝 활동과 모둠 활동하기

과거 학교 교실에서는 짝 활동이나 모둠 활동을 한다는 건 상
상도 못 하였다*. 우선 수업시간에 선생님이 아니라 학생들끼리
떠든다는 것은 자칫 교사의 권위를 무시하는 것처럼 비칠 수 있
었기 때문이다. 따라서 우리나라에서 처음 교실 환경에 짝 활동
이나 모둠 활동이 도입될 무렵 적잖은 교사들이 부정적인 반응
을 보였다. 하지만 요즘 학교 현장에 가면 짝 활동이나 모둠 활동
은 기본이고 학생들이 자유롭게 돌아다니며 원하는 상대에게 질
문하는 혼합 활동이나 원하는 수업을 찾아가서 듣는 교과 교실
수업제 시스템도 보급되어 가고 있다. 최근 고등학교에서도 중
간고사와 기말고사 중심의 지필평가뿐 아니라 수행평가의 비중
이 높아지고, 교사와 학생이 모두 토론식 수업에 익숙해지다 보
니 짝 활동이나 모둠 활동이 계속 확대되는 추세다.

---

* 짝 활동은 두 명의 학생이, 모둠 활동은 3~5명의 학생이 독립적으로
함께 활동하는 것을 말한다. 짝 활동이나 모둠 활동이 성공적이 되려
면, 학생들이 활동 중에 무엇을 하고, 활동이 끝난 후에 무엇을 해야
하는지 정확히 알고 있어야 한다. 또한, 각 학생은 활동을 시작하기 전
에 활동할 때 필요한 영어를 충분히 알고 있어야 한다. 만일 제2장에
서 제시한 〈그림 1〉 같은 미로를 가지고 길 안내를 하는 활동이라면,
학생들은 최소한 turn left, turn right와 go straight ahead와 같은
표현을 숙지하고 있어야 한다.

집에서 아이에게 영어를 가르칠 때 모둠 활동이나 짝활동을 할 수 있다. 동생이나 오빠, 형, 누나와 할 수도 있고 아이가 한 명밖에 없을 때는 마음이 맞는 같은 반 친구나 옆 집 또래 친구와 함께할 수도 있다. 모둠 활동이나 짝활동의 장점은 많은 아이 앞에서 영어를 사용하는 걸 쑥스러워하던 아이도 모둠 활동이나 짝활동을 통해 자기가 알고 있는 것을 옆 친구에게 영어로 말하는 게 익숙해지고, 그러다 보면 아이의 자신감이 조금씩 높아진다. 물론 모둠 활동이나 짝활동을 또래 아이와 하다 보니 엉터리 영어를 사용하거나 배울 수도 있다. 하지만 모둠 활동이나 짝활동을 통해 정확성 연습을 하는 게 아니라 유창성 연습을 하는 것이고 영어 사용에 대한 자신감을 느끼는 것을 최우선으로 한다면 다소 틀린 영어 표현을 사용하는 건 큰 문제가 아니다.

짝이나 모둠을 구성할 때 어떤 아이와 섞는 게 좋은지에 대한 답은 없다. 잘하는 아이는 잘하는 아이들끼리, 못하는 아이는 못하는 아이끼리 짝이나 모둠을 구성하는 게 좋다고 생각하는 학자도 있다. 잘하는 아이들은 서로의 실력을 향상할 수 있고, 못하는 아이들은 서로 못하니 자기들이 못한다고 생각하지 않기 때문이다. 잘하는 아이와 못하는 아이를 섞는 게 이상적이라고 생각하는 학자도 있다. 잘하는 아이가 못하는 아이를 도와줄 수 있기 때문이다. 하지만 아이들이 영어 실력보다는 아이들이 서로 얼마나 친한지가 뜻밖에 변수일 수 있다. 아이들은 친한 친구들과 함께 활동할 때 과감한 도전도 많이 하고 영어로도 스스럼없이 말을 잘하기 때문이다. 따라서 집에서 아이와 모둠 활동이나 짝활동을 할 때는 우선은 아이와 친한 친구와 모둠이나 짝을 구성한다.

8 영어전문가 조언(4)

서강대학교 영어영문학과 김치헌 교수는 예수회 사제다. 김교수는 1996년 예수회에 입회하여 2007 사제품을 받았다. 서강대 영어영문학과에서 학사와 석사 학위를 받았고, 영국 런던대에서 사목신학과 영성 신학 학사와 석사 학위를 받았다. 영국 워릭대에서 영문학 박사 학위를 받은 다음, 현재 서강대 영어영문학과 교수로 재직 중이다. 대표적인 저서로는 **영국 낭만주의 생태학 입문(2015), 베드로 파브르 성인(2017)**이 있다.

김신부에게 영어를 어떻게 하면 잘할 수 있는지 물었다. 우리나라 명문대에서 영문학 학사, 석사 학위를 받았고, 영국의 명문대에서 학사, 석사, 박사 학위를 받았다. 본인은 물론 영어 원어민과 같은 영어를 구사하지 못한다고 얘기하지만, 분명 어떤 방식으로든 본인만의 영어학습 방법이 있을 것이다. 본인이 겪고, 지금도 하는 방식을 알려달라고 했다.

8.1. 단순 반복해라

김신부가 조언하는 본인의 영어학습 비법은 단순반복이다. 특히 부모가 영어 원어민이라서 어릴 때부터 자연스럽게 영어를 습득하는 상황이 아니라, 어른이 돼서 영어를 배우는 상황이라면 더더욱 그렇다. 촘스키 이론 중에 우리 뇌에 언어를 담당하는 뇌가 7세에서 10세까지 가장 활발하게 발달한다고 하는데, 이 시기를 넘으면 단순반복을 통한 영어학습밖에 없다고 한다.

8.2. 소리 내서 읽어라

언어의 4 기능 중 하나인 말하기는 말을 소리 내어 입 근육과 혀 근육을 모두 익숙하게 해놔야 한다. 평소에 늘 사용하지 않는 영어는 더 그렇다. 또한, 내가 하는 말(소리)을 들으며, 내가 어떻게 소리를 내고 있는지도 확인할 필요가 있다. 가끔 동영상으로 찍어 영어로 말하는 내 모습을 보는 것도 좋다. 봐야 뭐가 잘못 됐는지 안다.

8.3. 암기해라

김신부는 암기의 중요성을 강조하며, 영어 원어민이 사용하는 표현 중심으로 암기해야 한다고 했다. 가끔 원어민이 사용하지도 않는 영어를 하며 왜 영어 원어민이 나의 영어를 못 알아듣는지 모르겠다는 사람이 있다. 문법적으로 틀린 표현이 아니더라도 영어 원어민이 관습적으로 사용하는 방식으로 영어를 써야 한다.

8.4. 실수를 자주 저질러라

완벽주의 신부님이 한 분 계셨다. 실수하는 걸 싫어해서 미국 유학 4년 중 3년 동안 말을 안 했다고 한다. 그러다 보니 읽기는 잘하는데 말하기는 잘 못 한다. 우스갯소리였지만, 격하게 공감하는 내용이다. 나도 내가 사용하는 영어가 엉터리 영어라는 걸 안다. 하지만 영어가 내 모국어도 아니고, 의사소통되면 된다고 생각한다. 솔직히 나는 실수해도 그게 실수인지, 아닌지도 모를 때가 더 많다.

김신부는 서강대에서 영어 강의를 할 때 얘기도 들려줬다. 이제 1학기가 끝나고 방학 동안 영어를 자주 사용하지 않으니, 2학기가 개강하는 9월 초에는 영어를 버벅댄다. 하지만 그러다가 몇 주 지나면 다시 예전의 영어로 돌아온다. 이건 나도 마찬가지다. 안 쓰면 잊힌다. 자동차도 오랫동안 안 타다가 타면 시동 안 걸릴 때도 있고, 시동이 걸려도 처음에는 매우 힘겨워한다.

김신부는 요즘도 아침마다 하는 일이 있는데, 항상 30분씩 영국 BBC 라디오를 듣는 것이라고 한다. 그렇게라도 해야 영어에 대한 감을 유지할 수 있다고 한다. 한다고 했는데 왜 영어가 안 느냐고 불평하지 말고, 왜 지금까지도 영어가 안 느는지 다시 돌아봐야 한다. 위에 조언들은 이미 다 알고 있는 것들 아닌가? 매일 10분이라도 크게 소리 내서 영어 원어민이 사용하는 표현을 중심으로 자주 읽고, 실수에 뻔뻔해져야 한다.

⑦ 알려주세요, 선생님!

1. 헷갈리는 영어: A number of, the number of, 뭐가 다르지?

어떤 때는 a number of를 쓰고 어떤 때는 the number of를 쓴다. 뭐가 어떻게 다르고, 어떤 때 a number of를 쓰고, 어떤 때 the number of를 쓰나? 아래 예를 먼저 살펴보자.

> Later in life, he was honored to serve a number of posts in the city government.
>
> 출처: 2012학년도 대학수학능력시험 영어 영역

> As you know, there are a number of people who have been suffering from Parkinson's disease.
>
> 출처: 2013년도 전국연합학력평가 영어 영역

예를 보니 별다른 게 있나 싶다. 이 둘을 구분하는 핵심은 바로 뒤에 따라오는 동사다. A number of people과 the number of people 뒤에 is(단수)를 써야 하나, are(복수)를 써야 하나?

흔히들 관사의 차이를 보며 그것 때문에 뭐가 다른 의미를 갖지 않을까 생각한다. 맞는 말이기도 한데, 그렇게 생각하면 괜히 복잡해진다. 헷갈리지 말고, 기본에 충실하자. 나는 a number of는 주로 many를 대신해서 쓸 때 사용한다. 따라서 a number of (something) 뒤에는 복수형 동사를 쓰고, the number of (something) 뒤에는 단수형 동사를 쓴다.

In 2009, the number of foreigners visiting Korea is over 6 million.

출처: 2010년도 전국연합학력평가 영어 영역

The number of는 전체 크기를 의미한다. '전체'를 한 덩어리로 보면 단수형 동사가 나오는 게 당연하다.

The number of Japanese tourists was at its peak in 2008, and decreased sharply from 2008 to 2011.

출처: 2013년도 전국연합학력평가 영어 영역

주의할 것은 언어라는 것이 항상 쓰던 관습이란 것도 있고, 계속 진화하므로 예외는 늘 있다. 그러나 아주 특이한 상황이 아니라면 일단 이 두 개의 사용에서 예외는 너무 신경 쓰지 말자.

2. 영국 문화: 영국 버스 기사에게 한 수 배우다

↑ 사진설명: 위 사진은 2009년 12월 28일에 찍은 사진을 그림 느낌 나게 바꾼 것이다. 자세히 보면 저 멀리 내가 탔어야 했던 버스가 점으로 보인다.

어느 토요일 이른 아침이었다. 나는 옥스퍼드 시내로 가는 한 버스에 앉아있었다. 버스가 어느 정류장에 닿을 즈음, 그 버스를 보자마자 저기 멀리서부터 뛰기 시작한 어느 영국 아주머니가 보였다. 그 아주머니는 정말 열심히 달리면서 버스 기사에게 조금만 기다려 달라고 온갖 손짓을 했다. 무심하게도 버스 기사는 기다리는 사람이 없던 그 정류장을 그냥 지나갔다. 영국에서는 사람이 버스를 기다린다. 버스는 시간에 맞춰 운행될 뿐이다.

그곳을 지나 버스가 다른 정류장으로 접근할 때였다. 신호대기로 버스는 잠시 정차했고, 나는 저 멀리 정류장에 있던 한 남자가 손을 살짝 들었다 내리는 모습을 분명히 봤다. 하지만, 신호가 바뀌고 버스가 그 정류장 근처에 닿을 때까지 그 남자는 버스 기사에게 큰 행동을 취하지 않았다. 남자는 버스가 당연히 설 줄 알았나 보다. 버스는 그 정류장 역시 그냥 통과했다. 영국에서는 버스 기사에게 확실히 세워달라고 하지 않으면, 그냥 통과한다.

영국에 있을 때 1백만 보 프로젝트를 몇 차례 했다. 혼자 1백만 보를 걷는 것이다. 그 날 나는 5일 동안 걷지 않았기 때문에 그동안 걷지 않은 걸음 수를 채워야 했다. 옥스퍼드에 있는 유니버시티파크를 열 바퀴(약 25km) 걸었다. 다섯 시간 넘게 쉬지 않고 걸었던 터라 온몸이 땀에 흠뻑 젖었다. 지친 몸을 이끌고 집으로 가기 위해 버스정류장에 도착해보니, 정류장 표지에 덮개가 씌워있었다. 몸이 지치니 뭐라 쓰여 있는지 읽기도 귀찮았다. 시간이 지나고 내가 타야 할 버스가 저 멀리 보였다.

나는 손을 번쩍 들어 확실하게 버스 기사에게 흔들었다. 버스를 세워달라는 신호다. 하지만, 버스 기사는 나와 눈이 마주쳤음에도 불구하고 손으로 뭔가를 가리키며 그냥 지나갔다. 동양인이라고 무시하나? 아니면 내가 옷을 너무 허름하게 입고 있어서 그냥 가볍게 무시한 건가? 흥분한 마음을 추스르고 영국인 버스 기사가 가리켰던 곳을 봤다. 그곳에는 A4용지 크기의 안내문이 코팅되어 버스정류장 기둥에 묶여 있었다. 그날부터 공사가 시작될 예정이라 버스정류장을 3월 17일까지 일시적으로 폐쇄한다는 내용이었다.

그 안내문을 보자, 순간 웃음이 나왔다. 깨달았기 때문이었다. 육체적으로는 지금 당장 내 몸이 불편했지만, 그게 맞다. 그 버스 기사는 자기가 무엇을 해야 하는지 알고 있었고, 그렇게 한 것이다. 비록 내가 칼바람이 부는 한겨울에 온몸이 땀에 젖은 채 30분 동안 다음 버스를 기다려야 하고, 그 버스가 올 때 주변에 차도 없어서 그냥 태워 줄만도 했지만, 긴말이 필요 없다. 그냥 통과한 버스 기사가 옳다. 다행인 것은, 이젠 내가 그걸 웃어넘길 수 있게 된 것이다. 그날 영국 버스 기사에게 원칙에 대해 기분 좋게 한 수 배웠다.

3. 영국식 교육: 영국 교육시스템의 비밀, 튜터링 제도

한때 해가 지지 않는 나라라고 불리던 영국. 대영 제국의 시대가 끝난 지가 한참 됐음에도 아직도 몇몇 분야에서 영국의 국가 경쟁력은 세계 최고 수준이라는 평가를 받는다. 특히 영국의 교육시스템은 빌 클린턴 전 미국 대통령 등 많은 미국의 유명 인사들이 **로즈 장학금** 등 각종 장학금을 받고 영국으로 유학을 올 만큼 우수성을 인정받고 있다. 비결이 무엇일까?

많은 전문가는 영국 특유의 **튜터링**^{tutoring} 제도에서 해답을 찾는다. **튜터**^{tutor}와 **튜티**^{tutee}로 역할이 나뉜 튜터링은, 옥스포드대와 케

임브리지대에서 시작한 이후 800년 이상 영국 고등교육의 근간을 유지하며 영국 고등교육 시스템을 발전시켜온 비결이라고 할 수 있다. 나는 영국의 아이비리그라고 불리는 러쎌그룹^{Russell Group}에 속한 버밍엄대와 워릭대에서 유학하며 튜터링을 받기도 했고, 또 나중에는 내가 튜터링을 하기도 했다.

미국에도 튜터링 제도가 있다고 들었지만, 미국에서 유학한 친구들의 이야기를 들어보니 영국의 튜터링과는 그 개념이 조금 달랐다. 영국에서는 튜터가 대부분 교수이기 때문이다. 내가 겪은 영국의 튜터링을 시간대별로 정리하면 이렇다. 학부때는 우선 퍼스널 튜터를 배정받았다. 내가 배정을 받은 퍼스널 튜터에게는 여섯 명의 퍼스널 튜티가 함께 배정되었고 이들과 함께 또는 개별적으로 튜터를 만났다.

퍼스널 튜터는 튜티와 공식 또는 비공식적으로 만나 대학 생활에 잘 적응을 해 나가는지, 학업은 충실하게 해 나가는지에 대해 정기적으로 점검한다. 특히 퍼스널 튜터는 학문적인 문제뿐만 아니라 개인적인 문제에 대해서도 조언자의 역할을 한다. 튜터링이 끝나면 튜터와 튜티은 각자 보고서를 작성해서 학과에 제출한다. 이와 같은 기록을 바탕으로 퍼스널 튜터는 튜티가 졸업하고 취업을 할 때 추천서를 써주며, 그것이 튜터의 의무이다. 입학 직후부터 가장 가까운 거리에서 튜티를 지켜본 퍼스널 튜터의 추천서는 기업체가 그 학생을 채용할지 판단하는 중요한 기준이다. 영국에서는 튜터가 그 학생의 모든 면을 가장 잘 알고 있다고 판단하기 때문이다. 이런 관점은 영국 본토를 포함한 영국식 제도가 뿌리내린 과거 영국 식민지에서도 마찬가지다.

졸업 학년인 3학년 때는 통상 슈퍼바이저로 불리는 아카데믹 튜터가 정해진다. 크리스마스가 다가올 즈음 교수들은 졸업학년 학생들을 대상으로 연구실 밖에 자신의 관심 연구목록을 붙여놓는다. 튜티 지원자는 사전 예약을 통해 아카데믹 튜터 대상자를 인터뷰한다. 이때 아카데믹 튜터 대상자만 튜티 지원자를 인터뷰하는 것이 아니라 튜티 지원자도 당당하게 아카데믹 튜터 대상자를 인터뷰한다. 튜티 지원자가 아카데믹 튜터를 인터뷰하는 이유는 이렇다. 보통 대학원에 진학하여 공부를 계속하고자 하는 영국 학생은 우리나라처럼 석사학위를 받은 후 박사과정을 하지 않고, 학사를 마친 후 바로 박사과정을 시작하는 경우가 대부분이다. 따라서 학부 때 아카데믹 튜터를 누구로 하는지가 장기적으로 튜티 지원자에 큰 영향을 끼칠 수 있다.

내 경우도 이와 같은 과정을 통해 여러 아카데믹 튜터 대상자를 만났고, 다행히 젊고 유능한 아카데믹 튜터를 만나 매우 흥미로운 연구를 할 수 있었다. 아카데믹 튜터에 따라 튜터링은 매우 격식을 차려 이뤄질 때가 있다. 이러한 격식은 영국 특유의 예약제도에서부터 시작한다. 튜티는 아카데믹 튜터에게 사전에 미팅 예약을 해야 하고 논의할 내용에 대해 미리 튜터에게 이메일로 알린다. 그러면 아카데믹 튜터는 튜터링이 가능한 날짜, 시간, 장소를 알려준다. 또한, 아카데믹 튜터는 튜티에게 도움이 될만한 자료와 사람들의 연락처를 준비한다. 영국식 튜터링의 특징은 만나서 그 자리에서 뭔가를 해결하기보다는, 만나기 전에 양자가 준비한 후 만나게 되므로 시간을 조금 더 생산적으로 쓸 수 있다. 또한, 아카데믹 튜터링은 1:1로 이뤄진다. 다시말해 내가 뭔가를 알고 준비하여 아카데믹 튜터를 만나지 않으면 진검승부에서 속절없이 당한다.

내가 겪은 석사과정에서의 튜터링 제도도 학부 때와 비슷했다. 학부 때와 마찬가지로 내가 석사과정을 시작한 첫 날 가장 먼저 만나는 사람이 바로 퍼스널 튜터였고, 이후 석사학위논문을 써야 할 즈음에 아카데믹 튜터가 정해졌다. 석사과정 때 아카데믹 튜터가 정해지는 방식도 학부 때와 비슷했지만, 학부 때와 다른 점이라면 아카데믹 튜터의 역할이 커졌다는 점입니다. 아무래도 석사학위논문 지도교수이기 때문에 학술적인 측면이 더 부각이 되어 튜터링이 이뤄졌다.

박사과정에서의 튜터링은 그 성격이 조금 달랐다. 박사과정에서는 아카데믹 튜터가 학술적인 것과 그 이외의 것에 관해서도 총체적인 관리를 했다. 즉, 학·석사과정 때는 퍼스널 튜터와 아카데믹 튜터가 역할을 나눠 튜티를 관리했다면, 박사과정에서는 그 경계가 조금 모호했다. 아무래도 박사학위논문지도교수의 영향력이 더 커졌고, 박사과정이면 이미 나이도 어느 정도 찼기 때문에 만나서 개인적인 일상사를 논하기 보다는 학술적인 튜터링이 주를 이뤘기 때문이다. 물론 관계가 좋다면 비공식적인 만남을 통해 개인적인 문제를 다루기도 한다.

튜터로서의 나의 경험은, 퍼스널 튜터, 아카데믹 튜터, 그리고 레지던트 튜터까지 총 세 가지 역할이었다.

워릭대에서 박사과정 2년차부터 석사과정 학생들의 퍼스널 튜터와 아카데믹 튜터를 했었다. 매년 여섯 명의 퍼스널 튜티를 관리했었고, 석사논문 지도학생을 한 해 네 명까지 받아서 석사학위 논문을 지도했다. 박사과정 학생이 석사과정 학생의 논문지도 교수를 했다고 하면 한국에서는 잘 믿지 않는다. 그게 가능하냐는 건데, 과거 우리나라에서도 박사학위가 없는 사람도 교수를 한 적이 있었다. 영국도 이제는 상황이 많이 바뀌어서 어려워졌지만, 내가 박사과정을 할 때는 역량이 되고 전문성을 인정받으면 할 수 있었다.

버밍엄대 석사과정 학생들의 퍼스널 튜터와 아카데믹 튜터도 해봤다. 이때는 조금 다른 방식으로 튜터링을 했는데, 당시 나는 버밍엄대에서 원거리 방식으로 운영하는 석사과정 학생들(대부분 한국에 있는 원어민)의 논문지도 교수를 했다. 영국 대학은 대부분 1학년에게 100% 기숙사를 제공한다. 이때 학교 기숙사에는 학생들과 함께 거주하는 레지던트 튜터가 있다. 레지던트 튜터는 우리나라의 기숙사 사감을 생각하면 이해가 빠르다. 학생들과 함께 기숙사에서 생활하면서 기숙사에 관련된 업무를 처리하기도 하고, 기숙사 내에서 학생들 때문에 발생하는 모든 일을 관리 감독한다.

영국의 튜터링 제도를 겪어본 나로서는 튜터링 제도가 품이 많이 들고 시간도 많이 소요되지만 우리나라 고등교육에서도 이와 같은 제도가 반드시 필요하다고 생각한다. 학술적인 관계를 떠나 평생 함께하는 사이로까지 발전될 수 있는 관계형성에도 이와 같은 튜터링 제도의 도움이 컸기 때문이다. 나는 가끔 내가 풀기 어려운 문제들이 발생하면 나의 옛 튜터들에게 연락해서 조언을 구한다. 만일 당신이 내 입장이라면 어떻게 하겠는가?^{What would you do if you were in my shoes?}라고 질문한다. 그때마다 시간을 내어 함께 고민을 해주는 튜터들이 지금도 있다. 평생 함께해야 할 선생님들이다.

5

스마트한
영어 교재와 활동

1 들어가며

영어 교재는 크게 두 가지로 분류할 수 있다. 하나는 Oxford University Press와 같은 해외 출판사에서 전 세계 학습자를 위해 출간한 Headway 시리즈 같은 교재가 있고, 국내 비상교육에서 한국인 영어 학습자에 특화하여 만든 패러디 라이팅 시리즈* 같은 교재가 있다. 이 장에서는 두 가지 종류의 영어 교재에 관해 유형별 장단점을 살펴보고, 집에서 아이에게 영어를 가르칠 때 적절한 교재를 선택하는 체크리스트도 살펴본다. 또한, 이 장에서는 집에서 아이와 할 수 있는 각종 활동을 살펴보고, 기존의 활동을 어떻게 변형해서 내 아이에게 최적화된 활동으로 변형할 수 있는지와 아이와 함께 게임을 활용한 어휘, 문법, 음운 등을 복습하는 방법도 살펴본다.

---

*   https://book.naver.com/bookdb/book_detail.nhn?bid=14301982

2 해외 교재 vs. 국내 교재

2.1. 해외에서 출간된 영어교재

전 세계 영어 학습자를 상대로 출간한 교재는 대부분 Oxford University Press와 같이 국제적인 대형 출판사이다. 오랫동안 교재를 만들어 온 출판사이다 보니 국제적인 명성을 가진 저자와 기본적으로 숙련된 전문 편집팀이 컬러 사진, 도표, 그림 등을 사용할 뿐 아니라 워크시트, 교사용 교재, 음성 파일, 비디오 파일 등 수업에 활용할 수 있는 다양한 도구를 제공한다. 또한, 비용을 많이 투입하고, 충분한 제작 기간을 기반으로 여러 곳에서 테스트를 한 다음 정식 출간하는 경우가 많다.

하지만 해외에서 출간되어 수입된 교재가 모두 좋은 건 아니다. 전 세계 영어 학습자를 대상으로 하다 보니 우리나라 상황과 다소 동떨어진 교재가 적지 않다. 또한, 교재를 만드는 나라를 지나치게 미화하는 등 문화적 편견이 담겨있을 수 있고, 혼자 공부를 하려고 교재를 찾고 있는데 활동이 교실에서 전체 학생들과 하는 활동이 대부분인 경우도 있다. 컬러 사진, 도표, 다이어그램 등 다양한 포맷과 고품질의 종이로 인쇄하는 경향이 있어서 가격이 비싼 편이다.

해외에서 출간된 교재의 큰 장점은 깊이 있는 문법, 어휘, 음운 체계에 대한 설명과 이해를 돕는 장치들이다. 또한, 특히 교사에게는 최신의 다양한 교수법을 시도할 기회를 제공하기도 해서 해외에서 출간된 교재에 대한 호불호가 갈린다.

2.2. 국내에서 출간된 영어교재

한국인 영어 학습자를 위해 국내에서 출간된 교재의 가장 큰 장점은 한국인 영어 학습자의 특성과 문제점을 어느 정도 이해하고 있다는 점이다. 또한, 다른 나라와 다른 우리나라만의 상황에 맞는 교수법을 적용하는 경우가 많다. 결과적으로 교재 내용과 교수법이 한국인 영어 학습자가 이해하기 적합하도록 개발되었으므로 학생이나 교사 모두 익숙하다. 또한, 국내 교재는 해외에서 출간되어 수입된 교재보다는 상대적으로 가격이 다소 저렴한 것도 큰 이점이다.

국내에서 출간된 교재가 지역적 상황을 고려하여 개발되었으므로 여러 가지 장점이 있지만, 단점도 있다. 결국, 가격 문제와 연결되어있을 수도 있는데, 해외에서 출간된 교재들보다는 상대적으로 시각자료가 부족한 편이다. 또한, 해외교재보다는 다소 덜 도전적이라고 할 수 있는 활동이 포함된 경향이 있다. 국내 교재들이 주로 문법구조를 학습하기 위해 교재가 구성된 것도 단점이라면 단점이라고 할 수 있다. 물론 최근에는 해외에서 출간된 교재와 비교해도 손색이 없는 고품질 국내 교재도 출간되는 추세라 해외에서 출간이 되었든, 국내에서 출간이 되었든 나의 요구에 맞는 교재를 선택하는 것이 핵심이다.

❸ 스마트한 영어 교재 선택하기

2019년 4월 8일, 네이버 책에서 엄마표 영어를 입력하면 총 375권이 검색되었다. 2021년 3월 7일 현재는 총 510권이 검색된다. 우리 아이에게 적합한 교재를 선택하기에 앞서 다른 사람은 어떻게 했는지 살펴보려고 엄마표 영어를 검색해봤는데, 이런 책도 고르기 너무 어렵다. 집에서 아이에게 영어를 가르칠 때 사용할 교재도 마찬가지다. 수많은 교재 중에서 각 교재의 장단점을 비교 분석한 다음, 가장 적합한 교재를 찾아야 한다.

집에서 아이에게 영어를 가르칠 때도 우리 아이 영어 능력 향상을 위해 필요한 것이 무엇인지를 고민하고 구체적으로 적어놓을 필요가 있다. 단언컨대, 내가 생각하는 지구 최고의 아동 영어교재는 **옥스퍼드 리딩 트리**^{Oxford Reading Tree}이다. 나는 개인적으로 내가 내 아이들에게 해주고자 하는 건 아이 스스로 책 읽기를 즐기는 단계까지 도달할 수 있도록 도와주는 것이다. 어떤 수단과 방법을 동원해서라도 내 아이가 그 단계에 도달하면 부모로서 해줄 수 있는 건 다 해준 것으로 생각한다.

옥스퍼드 리딩 트리^{Oxford Reading Tree}는 내가 아는 주변 다른 교수들에게 물어봤을 때 공통적으로 추천하는 교재이다. 물론 그들은 이미 **옥스퍼드 리딩 트리**^{Oxford Reading Tree}를 경험했으므로, 내가 내 아이들에게 어떤 교재를 보면 좋냐고 물었을 때 주저하지 않고 추천했다. 그래서 나도 샀고, 후회하지 않는다. 물론, **옥스퍼드 리딩 트리**Oxford Reading Tree도 단점이 있다. **옥스퍼드 리딩 트리**Oxford Reading Tree 는 원래 외국인의 영어교육을 위해 만들어진 교재라기 보기 어렵다. 왜냐하면 영국에 있는 유치원과 초등학교에 가면 **옥스퍼드 리딩 트리**Oxford Reading Tree가 있고, 그것으로 영어 수업하기 때문이다. 다시 말해 영국인을 위해 만들어진 교재이다. 우리나라로 치면 한글을 가르치기 위한 국어 교재라고 봐도 무리가 없다.

옥스퍼드 리딩 트리 Oxford Reading Tree와 우리나라에서 만든 어린이 영어교재를 비교하면 이런 차이가 있다. 예를 들어 만 6세를 위한 파닉스 활동을 살펴보면, **옥스퍼드 리딩 트리**Oxford Reading Tree에 나오는 단어는 우리나라에서 만든 교재처럼 어휘 수준의 제한이 없다. 우리나라는 국가 교육과정에 초등학생, 중학생, 고등학생이 배워야 할 어휘 등이 구분되어 있다. 고등학교 때 배워야 할 어휘가 중학교 시험에 나오면 큰일난다. 이렇듯 학년군에 맞춰 학습어휘가 정해져 있다 보니 아동용 영어교재에 나오는 어휘도 수준이 매우 낮다. 이런 문제점이 우리나라 학생들이 영어를 잘 못하는 이유 중 하나라고 나는 생각한다.

옥스퍼드 리딩 트리 Oxford Reading Tree는 일상 생활하며 사용하는 어휘가 자연스럽게 교재에 나온다. 불이 나면 달려오는 Fire En-gine소방차도 아이들이 어릴 때 자연스럽게 배운다.

교육부에서 제시한 2015 개정 영어과 교육과정에 따르면 우리나라 초·중·고등학교에서 학습해야 할 기본 어휘는 약 3,000 개이다. 이 기본 어휘는 학교급에 맞춰 학습하도록 권장하고 있는데, 우리나라 학생은 dad[아빠]를 초등학교에서 배우고 dam[댐]을 중학교에서 배우고 deposit[보증금]은 고등학교에서 배우게 되어있다. 백번 양보해서 쉬운 영어 단어는 어릴 때 배우고 좀 어려운 영어 단어는 고등학교에서 배우라는 취지라고 치자. 하지만 시험을 통한 어휘 통제로 인해 우리나라 학생은 고등학교에서 배워야 할 영어 단어를 초등학교나 중학교에서는 배우면 안 되는 것이다. 이러한 이상한 정책은 사교육을 억제하겠다는 이상한 발상에서 시작되어 대학수학능력시험에서도 반복된다. 대학수학능력시험 영어 시험에 사용되는 단어는 원칙적으로 우리나라 영어과 교육과정의 기본어휘에 나오는 단어로 시험이 출제되어야 한다.

물론 나도 **옥스퍼드 리딩 트리**[Oxford Reading Tree]가 100% 만족스러운 건 아니다. 역사와 전통을 자랑하고 계속 시리즈가 나오긴 하지만, 4차 산업혁명의 기술발전 속도를 따라오지 못한다. 예컨대, 우리나라 아동용 영어 교재는 QR 코드가 있어서 특히 파닉스를 교육할 때 유용하며, 인터넷과 연동하여 바로 유튜브 비디오로 애니메이션이 나오기도 한다. **옥스퍼드 리딩 트리**[Oxford Reading Tree]는 그런 즉각적인 신기술 지원이 우리나라 아동용 영어 교재에 비해 상대적으로 약하다. 따라서 우리집에서는 파닉스를 할 때 옥스퍼드 리딩 트리Oxford Reading Tree와 우리나라 아동용 영어 교재를 적절하게 번갈아가며 사용한다.

전언하였듯이 내 아이는 다른 아이와 다르다. 내 아이가 어떤 성향을 가졌는지를 알아야 하고, 내 아이의 연령대에 맞고, 가장 적절한 영어학습 전략을 위한 교재를 선택해야 한다.

다음은 교재를 선택할 때 고려하는 사항들이다. 물론 아래 고려사항이 내가 찾는 교재에서 100% 제공되지 않을 수도 있다. 따라서 내가 고려해야 할 사항 중에서도 가장 중요한 사항들에 초점을 맞춰 체크리스트를 작성하는 것이 좋다.

[교재 선택 시 고려 사항]

· 아이의 음운론, 어휘, 문법 지식을 증진시키는 연습문제들이 제공되었나?
· 말하기, 듣기, 읽기, 쓰기 능력이 고르게 발달할 수 있도록 구성되었나?
· 개별, 짝, 모둠 등 아이가 참여하는 다양한 활동 유형이 포함되었나?
· 아이가 흥미를 가질만한 주제들이 다수 포함되었나?
· 단원별 활동 및 연습문제가 명확하게 구분되었나?
· 복습과 형성평가를 할 수 있는 부분이 포함되었나?
· 교사에게 유용한 가이드가 함께 제공되었나?
· 연습문제에 대한 자세한 답안이 제공되었나?
· 듣기 활동에 관한 전사가 함께 제공되었나?

3.1. 교재 사용에 대한 교사의 생각

다수의 교사는 대부분 수업을 하기 위해서는 반드시 교재가 있어야 한다고 입을 모은다. 교재가 있어야 학생들이 무엇을 배우는지 명확히 알 수 있고, 교사 역시 무엇을 준비해야 하는지를 알 수 있기 때문이다. 교사는 학생의 학습 진도를 점검하기도 편하고, 교재에 포함된 연습문제를 활용하여 평가도 할 수 있으므로 교재가 꼭 필요하다는 것이다. 물론 어떤 교사는 수업시간에 특정 교재를 사용하는 것에 적극적이지 않은 예도 있다. 다음은 교재 사용에 대한 어떤 교사의 의견이다.

> "솔직히 저는 학생들보다도 저를 위해 수업시간에 교재를 사용해요. 교재를 사용하면 수업 계획과 시간을 어떻게 조정할지를 구체적으로 준비할 수 있어요. 교재에 있는 다양한 활동을 하며, 활동에 필요한 추가적인 어휘를 적어놓거나 어떤 활동이 특히 학생들에게 호응을 얻었는지 기록해 놓아요. 그러면 다음에는 유사한 활동을 하거나, 다른 반에서 그 활동을 할 때 유용하게 활용할 수 있어요."
>
> 교사 1

전언하였듯이 어떤 교사는 수업시간에 특정 교재를 사용하는 걸 탐탁지 않게 생각한다. 다소 딱딱해 보이는 특정 교재를 사용하여 수업하기보다는 다른 교재를 섞어서 사용하거나, 교재에 제시된 활동 말고 교사가 개발한 실험적인 활동이 오히려 자신의 학생들에게 더 효과적일 수 있다는 생각에서다.

"수업시간에 특정 교재를 사용하여, 해당 교재에 나온 내용을 그대로 따라 하면 편하지만, 개인적으로 내가 가르치는 학생들의 특성을 고려하여 내가 고민하고 개발한 내용과 활동으로 수업할 때 더 효과가 좋았어요. 아무래도 내 학생들에게 적합하고 적절한 내용을 고려했기 때문에 그렇기도 한 것 같고, 내가 고안한 내용과 활동을 학생들에게 적용하는 그 자체를 저도 좋고요. 내가 개발한 활동이 아이들에게 반등이 좋으면 교사로서 보람도 많이 느끼죠."

교사 2

집에서 아이에게 영어를 가르칠 때 특정 교재를 선택해서 수업하는 것이 좋을 수 있다. 하지만 지나치게 교재에 집착해서 교재에 나온 대로 아이와 수업을 하는 건 오히려 아이의 흥미를 떨어트릴 수도 있다는 것도 명심해야 한다. 또한, 교재는 단지 교재일 뿐이다. 교재가 절대로 맹신해야할 대상은 아니다. 어떤 교재라도 부족한 부분이 있고, 내 아이에게 적절하거나 적합하지 않은 부분을 포함하고 있다. 내가 교재를 주체적으로 사용해야지 교재에 떠밀려 아이와 수업을 하는 건 지양해야 할 일이다.*

---

* 우리나라에서는 책을 찢는 것을 매우 불경스럽게까지 보는 경향이 있는데, 굳이 그렇게 생각할 필요는 없다. 한 권의 교재 내가 원하는 것이 모두 담겨있다면 몰라도, 그렇지 않다면 과감하게 교재를 찢어서 다른 교재와 합본을 해서 내가 원하는 교재로 새로 조합하는 것도 필요하다.

3.2. 교재 외 수업 자료

교재가 수업시간에 사용할 수 있는 전부는 아니다. 사용하는 특정 교재에 부족한 부분이 있다면 다른 교재들을 추가로 사용하거나, 교재 외 인터넷을 활용한 다른 자료 등도 사용하는 게 좋다. 국제적으로 유명한 교재 중에는 해당 교재가 가진 강점이 있다. 예컨대, Freestanding은 문법을 보강할 수 있는 내용, 말하기와 듣기에 특화된 활동을 많이 포함하고 있어서 유용하게 사용할 때가 있다. 만일 학생들에게 어휘 학습과 관련하여 체계적인 접근방식을 가르치고 싶다면 Abax Workbook*을 추천한다. Pair Works**는 어린이 대상 짝 활동과 관련된 다양한 활동을 소개한다. 학생들과 짝 활동을 처음 하는 교사에게 매우 유용한 책이다.

이상에서 교재 선택과 관련된 내용을 살펴보았다. 집에서 아이에게 영어를 가르칠 때 어떤 교재를 선택할 것인지를 최종적으로 결정하기 전에, 우선 내 아이에게 어떤 것이 가장 필요한지를 심사숙고해야 한다. 출판사가 서평에 써놓은 내용을 100% 신뢰할 필요는 없다. 보통 교재는 한 개 단원의 구성과 내용이 나머

---

*   http://abax.co.jp/product.php?id=47&catid=10

**   https://www.amazon.com/Pair-Work-Elementary-Inte rmediate-2nd/
      dp/0582514630

지 단원에서도 동일하게 반복된다. 따라서 시간이 없으면 교재의 한 개 단원만 집중해서 살펴봐도 전체가 어떤지를 판단할 수 있을 것이다. 만일 내가 찾는 교재가 없다면 그나마 괜찮은 것을 고르고, 그 교재에 없는 부분은 다른 교재에서 가져와서 충당하는 것도 스마트한 생각이다.

4 내 아이에 맞는 활동 선택하기

교재에는 아이와 할 수 있는 다양한 활동이 있다. 하지만 아무리 좋아 보이는 활동이라도 내 아이에게 맞지 않으면 좋은 활동이 아니다. 그리고 굳이 교재에 소개된 활동을 모두 할 필요도 없다. 내 아이에게 가장 적절한 활동을 중심으로 언어 구조와 학습해야 할 특정 구조를 연습할 수 있는 활동을 찾아 아이와 함께하는 것이 좋다.

활동은 부엌에 있는 물건 묘사하기와 같이 일회성으로 하는 활동이 있을 수 있고, 주어 동사 일치하기에서 더 복잡한 문법처럼 점차 난도를 높여가며 연속적으로 하는 활동도 있다. 아이와 함께 달성하고자 하는 수업의 목표가 무엇이냐에 따라 어떤 활동을 할지 선택한다. 강조하지만, 교재에서 시키는 대로 활동을 무조건 따라 할 필요는 없다. 내가 선택한 교재에서는 비록 소개된 활동이 일회성이라 할지라도 내게 주어진 시간에 비해 다소 오래 걸린다고 생각되면 일회성 활동도 나눠서 한다.

학교에서 다수의 아이 앞에서 영어로 말하는 것을 쑥스러워하는 아이라면 짝 활동이나 모둠 활동을 통해 영어 말하기에 자신감을 심어주는 활동을 자주 하는 게 좋다. 이런 활동을 통해 내 아이와 다른 아이의 상호작용을 증진할 수 있는데, 아이들끼리 처음에는 Yes나 No로 간단히 대답할 수 있는 단순 대화로 시작하는 게 아이들의 영어 말하기 부담을 줄이는 데 도움이 된다.

5 내 아이에 맞춰 활동 내용과 수준 조정하기

큰 아이는 어렸을 때부터 태블릿으로 유튜브로 **콩순이, 시크릿 쥬쥬, 뽀로로**를 보며 자랐다. 우리말로 **콩순이**를 보며 배우다 보니 말투가 **콩순이**와 비슷해졌다. 언젠가부터 **페파피그**를 보기 시작했다. 옆에서 엄마가 같이 놀아줘서 그런지 큰 아이는 **페페피그**를 무척 좋아했다. 나오는 말도 따라 하며 영국식 악센트가 붙었다. 큰 아이에게 **페파피그**와 **소피아 공주**를 번갈아 보여줬는데 (영어 버전), 큰 아이는 자기 스스로 다른 영어 프로그램을 찾아보기 시작했다.

큰 아이가 어린이집에서 본격적으로 영어를 배우기 시작한 후부터는 영어로 말하는 횟수가 늘었다. 어린이집에서는 일주일에 3회 필리핀 영어 선생님이 아이들과 영어 동화책 읽기나 롤 플레이 등의 다양한 활동을 하는 데 어느 날 아이가 집으로 어린이집에서 사용하는 영어 동화책을 가져와 읽어 달라고 했다. 사실 나는 조금 당황스러웠다. 그동안 주로 대학생들이나 대학원생들을 상대로 가르쳐왔기 때문이다.

하지만 내 아이다 보니 어린이영어 동화책이지만 최선을 다해 재미나게 읽어준다.* 나는 동화책을 그냥 읽어주지 않고 중간에

---

* 어린이영어 동화책은 단언컨대 옥스퍼드 리딩 트리가 최고라고 생각

큰 아이에게 질문을 적당히 하며 아이가 다른 것도 생각하게 한다. 예컨대, 동화책에 나오는 몬스터 색깔이 파란색이면, 몬스터 색깔이 무슨 색깔인지 물어본다든지, 큰 아이가 가장 좋아하는 색깔은 무엇이냐고 묻는 식이다. 얼마 전부터는 큰 아이가 하는 걸 본 만 24개월이 안 된 둘째가 영어 동화책을 가져와서 읽어달라고 한다. 기가 찼다. 왜냐하면, 아직 말도 못하는 수준이기 때문이다. 물론 둘째에게 영어 동화책을 보여주면 영어 동화책에 나온 그림을 보며 응웅~, 우와~만 한다. 아직은 아빠, 엄마, 맘마만 말할 수 있기 때문이다(우유도 그냥 우~라고만 한다). 신기한 건 말은 제대로 못 해도 말귀는 대충 다 알아듣는다는 점이다.

집에서 아이에게 영어를 가르칠 때도 내 아이의 수준이 어떠냐에 따라 각 활동에 대한 난이도를 조정하거나, 다른 활동을 중간에 끼어놓아야 한다. 아이에게 교재에 나온 활동을 하기 위해 활동을 하는 게 아니라 아이가 활동하면 학습에 도움이 될 것 같으니 활동을 한다는 마음가짐이 필요하다. 따라서 교재에 뭐라고 하든 아이가 중간에 지루하면 과감하게 다른 활동으로 전환하거나 중단해도 상관없다. 뭔가를 시작했으니 반드시 끝내야 한다는 자세는 아이에게 결코 도움이 되지 않을 뿐더러 그렇게

한다. 옥스퍼드 리딩 트리에 관한 자세한 설명은 다음 링크를 참고한다. https://www.instagram.com/greenavenue_laha

안 되었다고 짜증을 내는 것도 도움이 안 된다. 활동은 내가 아이에게 도움이 될 것 같아서 하는 것이다. 도움이 안 될 것 같으면 언제든지 멈추고, 다른 것을 하거나 다음에 하자고 끝내도 된다. 활동에 전혀 부담을 가질 필요는 없다. 진도에 지나치게 집착하는 부모도 있는데 그럴 필요 없다. 그럼에도 체계적인 활동을 하고 싶은 부모는 아래 〈표 1〉과 같은 일정과 활동을 미리 계획해서 사용하는 방법도 있다.

[표 1] 다양한 수업을 포함한 계획표

Column 1 Day	Column 2 Aim	Column 3 Procedure	Column 4 Interaction	Column 5 Page/activity
Monday	focus on semi-modals	presentation of material on tape	ss listen to tt and tape	p.31 activity 1,2,3
		discussion of grammar	ss listen to tt	
			ss 〈 〉 ss	activity 5
		oral pair practice		

Tuesday	reading practice	reading signs	ss	p.32 activity 1
		interpreting signs (pairs)	ss⟨ ⟩ss	activity 2
		class presentation	ss⟨ ⟩ss	activity 3
		signs in Japan (groups)	ss⟨ ⟩ss⟨ ⟩ss	activity 4 (adapted)
Wednesday	speaking practice	review of semi-modals	ss listen to tt	
		questionnaire (focus on phonology)	ss⟨ ⟩ss	p.32 activity 4
		vocab game (adjective/ noun collocations)	tt plays with whole class	adapted from Freestanding p. 90/91
ss = students	tt = teacher			

6 내 아이에게 도움되도록 활동 응용하기

2018년 한국교육과정평가원에서 교육 기부를 했다. 한국교육과정평가원이 충청북도 진천군으로 이전한 후, 진천에서 가족들과 살면서 교육과 문화 지원을 하고싶다는 판단에서였다. 뜻있는 사람들과 함께 비영리 공익사업을 수행하는 비영리단체를 설립하여 충북 진천군 덕산면, 광혜원면, 음성군 맹동면 등에 거주하는 주민과 학생들을 위해 교육 재능 기부를 하였다.

내가 했던 일 중의 하나가 바로 중학교 1학년부터 3학년생으로 이루어진 6명의 학생을 대상으로 2주에 1회 영어 읽기와 말하기 컨설팅을 한 것이다. 총 6회에 걸쳐 진행된 컨설팅을 앞두고 사실 걱정이 많았다. 중학생은 직접 가르쳐본 적이 없었기 때문이었다. 사실 나는 2012년 9월 1일 한국교육과정평가원에 임용된 이후, 전국의 교사를 상대로 연수하거나 시도교육청에서 중등 영어 1급 정교사 자격연수를 하였다. 중학생을 가르치는 교사를 교육했지만 실제 중학생을 가르친 적은 없기 때문이다.

궁하면 통한다고, 현장에서 중학생을 많이 가르쳐본 정영옥 박사에게 도움을 청했다.*정박사는 영국문화원에서 개발하여 무

---

*   정영옥 박사는 영어전문가 조언(5)를 참고한다.

료로 배포하는 LearnEnglish Kids 자료를 사용해 보라고 했다.[*]
정박사의 조언대로 영국문화원 자료를 사용하기로 하였고, 원래는 동영상 애니메이션을 보고 난 후, 그것에 관한 얘기를 서로 토론하는 정도의 수업이었으나, 나는 거기서 한 발 더 들어가 아이들이 각자 해당 동영상 애니메이션과 연관된 특정 인물을 선정한 다음, 그 인물에 대해 영어로 써보고 영어로 발표하도록 하였다.

아이들이 발표하는 모습은 카메라로 찍었으며, 그 자리에서 다른 아이들과 동료 평가 피드백을 공유하며 다음에 할 때 개선할 점을 기억하도록 하였다. 이러한 발표를 수업에서 두 차례 반복해서 하니 확실히 첫 번째 모습보다 더 나아진 모습을 보며 아이들 스스로가 뿌듯해했다. 이후 단순히 발표를 잘하는 아이가 아니라 이전보다 더 나아진 아이에게 인센티브를 주었는데 역시 작지만, 아이들 앞에서 받는 선물은 아이들을 더 열심히 하게 하는 큰 동력이 되었다.

이상에서 설명하였듯이 활동이란 그냥 교재에 나와 있는 대로 활동을 하며 시간을 보낼 수도 있지만, 집에서 활동할 때 아이가 어떻게 하면 더 재미있고 흥미롭게 영어를 배워나갈 수 있는지

---

[*]   LearnEnglish Kids는 영국문화원에서 개발하여 무료로 배포하는 아이들을 위한 영어학습 자료이다. URL: https://learnenglishkids. britishcouncil.org/

를 고민하고, 그렇게 되기 위해서는 응용할 수 있는 방법은 모두
적용해 보는 게 좋다.

7 복습하기

아이가 배운 것을 충분히 소화하지 않은 상태에서 새로운 것을 배우는 건 그리 큰 도움이 안 된다. 배운 것을 머리와 몸에 배도록 연습을 할 시간이 필요하다는 얘기다. 예컨대, 새로운 영어 단어를 배웠다면 일정 시간이 지난 다음 짧게라도 다시 복습하는 기회를 통해 새로운 영어 단어가 기억될 수 있도록 해야 한다.

새로운 영어 단어뿐 아니라 동사의 시제 변화를 배울 때도 마찬가지다. 하지만 현장에서는 양적인 반복에만 집중하는 경향이 있다. 아이에게 동사 시제 변화에 대해 한두 번 알려준 후, 그다음부터 동사 시제 변화를 제대로 답하지 못하면 바보 취급을 하거나 게으른 아이 취급을 한다. 뭐가 잘못된 걸까? 아이는 기계가 아니다. 한 번 입력한 것을 그래도 기억하지 못한다. 그럼 두 번 가르쳐준 걸 아이는 기억해야 할까? 전문가들은 새로 배운 영어 단어가 완전히 머리와 몸에 익숙해지기까지는 보통 일곱 번 정도를 반복해야 한다고 입을 모은다. 하지만 이런 교육 현실이 하루아침에 바뀌기는 어려울 것이다. 집에서 아이에게 영어를 가르칠 때 부모가 아이를 도울 방법은 아이가 새로 배운 영어 단어를 조금 더 재미있게 배울 수 있고, 그래서 조금 더 오래 기억할 수 있도록 돕는 것이다.

7.1. 픽션너리^{pictionary}

아이가 어리다면 아이와 함께 **픽션너리**^{pictionary}를 해보는 것도 좋다. 픽션너리는 보통 짝 활동이나 모둠 활동을 할 때 게임처럼 하는 것으로 단어를 보고 그림을 그려서 상대방이 어떤 단어인 지를 맞추는 게임이다. 엄마와 아이가 해도 된다. 예를 들어, 엄 마가 고래 그림을 그리면 아이는 whale^{고래}를 알아맞히는 것이다.

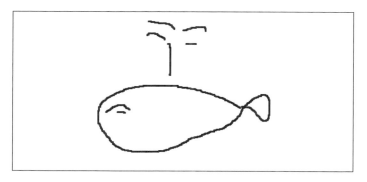

[그림 1] 엄마가 그린 'whale'

복습할 영어 단어가 많으면 엄마가 그림을 준비할 수 있지만, 아이에게 직접 그림을 그려보게 하는 것도 아이의 기억력을 높 이는 데 도움이 된다. 단, 아이가 엄마는 하지 않고 자기가 모든 걸 하는 느낌을 받으면 금방 싫증을 내고 하지 않으려고 하므로 상황을 잘 봐가며 아이에게 시킨다.

7.2. 금지 게임^{Taboo Game}

TV에서 본적이 있을 것이다. 어떤 단어인지 직접 말하지 않고 설명을 하며 아이가 맞추도록 하는 게임이다. 예를 들어 **팬케이크**^{pancake}이 정답일 때, 아이에게 It's a kind of food. It's flat and made of flour and eggs and milk.라고 설명하는 식이다. 물론 **팬케이크**가 뭔지도 모르고, 팬케이크를 어떻게 만드는지도 모르는 아이에게 저런 식으로 설명하면 아이는 당연히 무슨 소리를 하는지 모른다. 아이가 아는 것을 중심으로 아이가 먹어봤거나, 아니면 아이가 경험한 것을 소재로 삼는 게 좋다. 한편, 설명을 꼭 영어로 해야 하느냐고 묻는 사람이 있는데, 아이의 수준에 맞춰 아이가 영어로 설명해도 알아듣는 정도이면 영어로 하고 그 정도가 안되면 우리말로 해도 상관없다. 중요한 것은 이러한 게임 방식을 익혀가며 나중에 영어로 시도하도록 한다.

앞서 언급한 내 아이에게 도움되도록 활동 응용하기를 적용하면, 아래와 같이 bear^곰에 관한 얘기를 하면서 아이에게 어떤 단어를 설명할 때 사용할 수 있는 **청크**^{chunk}가 익숙해지도록 유도하는 것이다. 예를들어 아이가 This word was..., It is similar to..., It comes from..., You can find..., It sounds like..., It begins with...와 같은 **청크**^{chunk}가 익숙해지면, 곰이 아니라 다른 것을 설명할 때도 유용하게 활용할 수 있다.

```
This word was...
(e.g.This word was in the story about Yellowstone Park)
It is similar to...
...opposite of...
...made of...
It comes from...
You can find..          You can find them in caves
It is a...               It is an animal
It sounds like...  It sounds like Pear
It begins with...        It begins with a 'b'
```

7.3. 설명하기와 그리기 ^{Describe and Draw}

아이에게 in the corner나 to the right of와 같은 장소와 관련
된 유용한 전치사나 전치사 구를 가르쳐준 다음, 자기 방을 그리
도록 한다. 아이는 그린 그림을 부모에게 보여줘서는 안 되고, 그
림을 다 그리면 부모와 마주 앉아 자기가 그린 방을 설명하면 부
모는 아이의 설명을 듣고 그림을 그린다. 이런 식으로 아이와 교
실, 얼굴, 옷, 사진 등 다양한 소재를 가지고 유사한 활동을 하며
새로 배운 영어 단어를 복습하는 방법을 해본다.

우리나라에서는 학교에서 영어를 배우는 시간이 충분하지 않으
므로 현실적으로 내 아이가 영어에 능숙해지기 어렵다. 영국 명문
워릭대 Mann 교수가 일본에 있는 영국문화원에서 일할 때 영어를
잘하는 한 학생에게 어떤 식으로 복습하는지 물은 적이 있는데, 다

음은 그 학생의 대답이다.

> "나는 집에 돌아오면, 학교에서 배운 새로운 영어 단어를 종이에 써요. 종이 뒤에는 뜻을 일본어로 적거나 영어로 적기도 해요. 그런 다음 내 영어 단어 가방에 넣어요. 가방을 흔들어 10개를 뽑아요. 내가 뽑은 것에 대한 뜻을 맞추면 넘어가고, 틀린 건 다시 가방에 넣어요. 가끔 친구와 게임을 하기도 해요."

위 학생은 자기 주도적으로 혼자 게임을 하며 새로 배운 영어 단어를 배우고 있었다. 보통 혼자 영어 단어를 외우는 게 지루할 수 있는데 나름 자기식으로 재미 요소를 추가해서 학습하고 있었다. 어떤 학생은 **학습 일기**$^{learning\ diary}$를 작성하는 예도 있다. 어른도 하기 힘든 **학습 일기**$^{learning\ diary}$를 쓰는 아이라면 단지 영어가 아니라 무얼 하든 성공할 아이이다. 요즘은 많이 사용되는 **실수 일기**$^{mistakes\ diary}$를 쓰는 학생도 있다. **실수 일기**$^{mistakes\ diary}$에는 학생이 틀린 것과 맞은 것을 써서 그 둘의 차이를 명확하게 적음으로써 한 번 저지른 실수를 거듭 저지르지 않도록 한다.

복습이라고 책상에 앉아서 조용히 눈으로 읽거나 쓰면서 하는 방식 이외에도 게임을 이용하거나 다양한 방식으로 복습하는 방식을 다각화할 필요가 있다. 복습은 아이의 학습 동기 부여에 큰 도움이 된다. 특히 아이가 어린이집이나 학교에서 해본 게임이나 좋아하는 게임이 있다면 아이에게 익숙한 게임을 활용하는 것도 좋은 방법이다. 집에서 아이에게 영어를 가르칠 때 시작과

끝은 항상 복습 시간으로 활용하는 게 좋다. 복습 활동에 사용한 자료는 내년에도 사용할 수 있도록 잘 보관하고, 내년에 꺼내서 아이와 함께 당시에 했던 것을 회상하며 그때 배웠던 영어 단어를 더 확장하는 방법도 좋다.

8 영어전문가 조언(5)

영국 옥스퍼드대학교 출신 정영옥 박사에게 연락하였다. 정박사는 영국 명문 옥스포드대학교에서 아동발달과 교육으로 석사학위를, 영국 명문 워릭대학교에서 응용언어학과 영어교육 전공으로 박사학위를 받았다. 귀국 후 한국교육개발원 영재교육연구센터 부연구위원을 역임하였다. 한국교육개발원에서는 영재를 위한 융합인재교육 프로그램 교사용 지도서, 초·중등 영재학급 및 영재교육원의 융합인재교육적용방안 등을 연구했다.

정박사의 옥스퍼드대학교 논문은 우수 논문으로 선정되어 옥스포드대학교 도서관에 보관되어있다. 한편, 정박사는 2018년 1월부터 옥스포드 교육 협회 한국 챔피언(Oxford Education Society Korean Champion, http://www.oxes.org.uk/)을 맡고 있으며, 현재 고려사이버대 아동영어과 외래교수이자, 영어 원서 읽기와 쓰기를 지도하는 교육기관을 운영하고 있다.

나중에 이 글을 읽고 우리 딸이 삐질 수도 있지만, 고백건대 우리 딸은 천재나 영재는 아닌 것으로 보인다. 내가 보기에는 **뽀로로** 좋아하고, **시큐릿 쥬쥬** 보다가 혼자 신나면 거실에서 자기 방까지 다다닥~ 뛰어가거나, 거실에서 혼자 좋아서 방방 뛰다가 엄마한테 그렇게 뛰면 아랫집에서 올라온다는 잔소리 듣는 평범한 말괄량이다.

나는 개인적으로 우리 딸이 그렇게 크면 좋겠다. 호기심이 많아서 이것저것 관심 두는 것까지는 좋다. 하지만, 역량이 안 되는데 천재나 영재들하고 치열하게 경쟁하며 공부하는 건 별로 추천하고 싶지 않다. 괜히 몸만 상한다.

정박사에게 개인적으로 영어를 어떻게 시작해서 발전시키는 게 좋겠냐는 질문을 던졌다. 부모가 완벽한 이중언어 구사자이면 최상의 조건이다. 완전한 한국어, 완전한 영어, 한국어와 영어 혼합.... 내가 질문을 잘못했다. 우리 딸의 아빠인 나는 영국에서 10년 넘게 살았지만, 영어보다 우리말이 훨씬 편하다. 엄마도 영어 관련 석사학위를 영국 런던대학에서 받았고 국내에서 영어교육 박사학위를 받았지만 우리말이 편한 사람이다.

다시 질문했다. 아빠와 엄마가 완벽한 이중언어 구사자가 아닌 우리 딸에게 영어를 어떻게 가르치면 좋겠나? 질문을 달리하니 제대로 된 답이 나왔다.

언어발달단계와 수준에 따라 알아들을 수 있는 단어, 구, 문장 수위를 정하는 게 관건이다. 그림과 사진을 사방에 붙여놓고 질문과 답을 하는 역할극 놀이를 권장한다. 유사질문을 하며 질문을 서서히 확장하는 순서로 시도해봐라. 정박사는 음성언어가 먼저이고, 문자언어가 나중이지만, 학습에 있어서는 딱히 그건 아닐 수 있다. 문자언어 어휘 노출을 굳이 늦출 이유가 없다. 긴 문장, 긴 지문의 출현이 언제이냐가 관건이다.

여기서 헷갈렸다. 보통은 음성언어에 충분히 먼저 노출한 다음 문자언어로 넘어가는 것이 좋다고들 한다. 하지만 내가 생각해도 지금 우리 딸이 거실에서 태블릿으로 유튜브를 보며 따라 부르는 노래에는 자막이 실린다. 또한, 따지고 보면 음성언어 노출도 어떤 수준과 길이의 어휘를 단계별로 언제까지 할 것인지도 불분명하다.

한편, 정박사도 다른 영어전문가들과 같이 자연스럽고, 재미있는 환경 조성이 중요하다고 강조했다. 내 경험으로는 윷놀이를 활용한 단어 찾기 같은 게임을 추천한다. 연상 단어로 그림을 그리거나 만들기를 하는 게 특히 유아에게 최고다. 그러고 보면 지금 영어전문가들은 챈트, 노래, 율동까지 언급했지만, 그림은 처음이다.

정박사는 영국에서 연구할 때 5~11세 아동이 다니는 초등학교 그레인지 팜 프라이머리 스쿨^{Grange Farm Primary School*}에서 보조교사를 3년 했다. 그때 원어민이 영어를 배워가는 과정을 옆에서 생생히 지켜볼 수 있었는데, 그림은 확실히 언어뿐만이 아니라 아이들의 창의력 계발에 훌륭한 도구였다고 한다.

---

*   http://grangefarmschool.co.uk

⑦ 알려주세요, 선생님!

1. 헷갈리는 영어: All right와 alright의 차이

All right를 주로 Are you all right?을 줄여서 쓸때 쓴다. **괜찮아?**는 의미다. All right는 상황에서 따라 뉘앙스가 조금씩 다를 수 있지만, 대체로 괜찮은지 확인하거나, 나는 괜찮다는 의미로 이해하면 큰 무리가 없다. 같은 맥락에서 ok 또는 okay와 일맥상통한다.

W: I did. Thanks. Do I sound all right for recording?
M: Yeah, you still sound great.

출처: 2011년도 전국연합학력평가(영어) 듣기 영역

W: I'm sorry. It was my fault.
M: That's all right. I didn't see you coming.

출처: 2011년도 전국연합학력평가(영어)

M: All right. What time did you schuedule the meeting for?
W: I set it up for 5 P.M.

출처: 2011년도 전국연합학력평가(영어)

All right는 '맞다'의 의미로 사용되며, 이때는 correct로 바꿔쓸 수있다. 아래 예에서 첫 번째 나온 all right은 correct의 의미로, 두 번째 나온 all right는 ok의 의미로 사용되었다.

> If you regularly respond to everyday tumbles like, "Whoops, you're all right," your toddler is pretty sure to feel all right.
>
> 출처: 2012년도 전국연합학력평가(영어)

반면에 alright는 그런대로 괜찮은 정도의 뉘앙스를 가진다. 100% 만족스러울 정도로 썩 좋다는 건 아니라는 얘기다.

> M: Of course. I believe you're the right person.
> W: Alright. I'll try.
>
> 출처: 2011년도 전국연합학력평가(영어)

Alright가 all right를 줄여서 쓴 말이라는 얘기도 있다. 또, 구어체나 비격식적인 상황에서 쓰는 말이라고 하는 사람도 있다. 어떤 게 맞는지는 솔직히 나도 모른다. 나도 누군가가 그런 질문을 하면 그런 주장을 하는 사람들이 있고, 무엇이 맞냐는 건 항상 논란의 여지가 있으니 나는 헷갈릴 때는 그냥 안전하게 all right를 쓴다고 대답한다.

2. 영국 문화: 영국에서 본 60년 만에 내린 폭설

← 사진설명: 위 사진은 2010년 1월 10일에 내가 살던 옥스퍼드 어느 마을에서 찍은 것이다. 어느 집 대문 위에 있는 사자상으로, 눈이 사자의 눈을 덮은 것이 재밌다.

　나는 중학교에 입학하는 순간부터 고등학교를 졸업할 때까지 머리를 길러보지 못했다. 중학교와 고등학교 모두 두발을 엄격하게 통제하는 곳이었기 때문이다. 현역병으로 군복무를 할 때도 마찬가지였다. 그러다 보니 나는 머리카락이 길게 자라는 걸 못 참는 증세가 있다. 특히 샤워할 때 긴 머리카락이 손에 잡히면 몹시 답답해한다. 후천적으로 짧은 머리가 몸에 밴 것이다. 영국에 온 이후에도 덜 먹고 제대로 입지 못하더라도 머리는 꼭 깎아야 했다. 10년 동안 한국, 영국, 말레이시아, 중국, 이라크에서 온 다국적 남녀 미용사들이 내 머리를 깎아줬다. 옥스퍼드로 이사한 후에는 런던 한인 타운에 있는 한인 미용실에 3주에 한 번씩 머리를 자르러 갔다.

　문제는 크리스마스를 전후해서 내린 폭설이었다. 크리스마스 연휴와 신정연휴, 그리고 눈 폭탄으로 인해 머릴 깎은 지 3주가 넘었지만, 도저히 그곳까지 차를 몰고 갈 엄두가 나지 않았다. 크고 작은 도로에서는 여전히 복구 작업이 진행 중이었다. 참고 참다가 1월 12일 기어코 한인 미용실에 다녀왔다. 머리를 깎기 위해 곳곳에 위험이 도사리고 있는 시골길과 고속도로를 포함, 왕복 3시간 거리를 차로 달렸다. 이번 폭설은 50년 만에 최악이라는 BBC 보도가 있었다. 폭설과 한파로 도로는 빙판길이 됐지만, 나는 머리를 깎아야 했다.

　영국에서는 폭설이 내리면 경계경보가 발동되고 대부분의 사회활동이 일시적으로 멈춘다. 도로와 철도, 항만 등 주요 인프라가 마비되기 때문이다. 당연히 다른 일들도 영향을 받는다. 예를 들면, 100개가 넘는 영국대학교들은 1월 이맘때 일제히 시험을 치른다. 하지만 지난 13일에 한 차례 더 휩쓸고 간 폭설과 한파 때문에 학생과 불특정 다수의 교직원이 학교에 나올 수 없게 됐다. 많은 대학교가 시험을 연기했고, 남은 학사 일정에 차질이 생길 수밖에 없다. 흥미로운 건 이렇듯 인간이 감당하기 힘든 자연적 현상에 대한 영국인들의 반응이다. 주관적인 경험일 수 있지만, 필자 주변에 있는 영국인들은 내게 중국인들의 만만디慢慢的 모습을 보여줬다. 생활이 느려졌고, 기다리는 일이 예사가 되었다.

한번 눈이 오면 1m가 넘게 쌓인다는 중국의 어느 지역에 비할 바가 아니지만, 영국인들에게 이번 50년 만에 내린 폭설은 큰 충격일 것이다. 하지만, 이들은 짜증을 내거나 화를 내기보다는 이 상황을 받아들이는 것으로 보였다. 그러다 보니 본의 아니게 서로에 대한 배려심도 높아졌다. 눈 폭탄 때문에 직장에 나올 수 없게 되면, 모두가 자연스레 고개를 끄덕이며 그럴 수 있다는 분위기가 형성됐다. 나도 머리 못 깎는 것을 참을 순 없었지만, 더는 이 위험한 환경 속에서 차를 몰지 않는다. 날씨 때문에 버스와 철도 운행이 중단돼도 화를 내지 않는다. 단순히 그럴 수 있다고 생각하기 때문이다. 하지만 혼자 나지막이 중얼거린다, **3주 뒤까지는 다 녹아있겠지...**

3. 영국식 교육: 사자는 새끼를 강하게 키운다

↑ 사진설명: 비오는 날 공원을 걷고 있는 모녀

　　영국의 공식명칭은 **그레이트브리튼과 북아일랜드 연합왕국**The
United Kingdom of Great Britain and Northern Ireland이다. 공식명칭에서 볼 수 있듯
이 영국은 그레이트브리튼이라는 섬(잉글랜드, 웨일스, 스코틀랜
드)과 아일랜드 섬 일부(북아일랜드)가 합쳐진 연합왕국이다. 이
연합왕국의 국기는 유니온 잭으로, 1801년 1월 1일 영국연합법
에 의해 잉글랜드, 스코틀랜드, 아일랜드의 상징이 합쳐졌다.
　　영국을 통일한 잉글랜드가 월드컵에 출전할 때 입는 공식 유
니폼의 왼쪽 심장 부근에는 잉글랜드를 상징하는 삼사자가 수놓

아져 있다. 잉글랜드를 상징하는 사자문양은 1189년까지 한 마리였지만, **사자왕**Lionheart으로 알려진 리처드 1세부터 세 마리로 늘었던 것이 현재까지 이어지고 있다.

맹수의 왕, 사자는 새끼를 강하게 키운다. 주로 암사자가 새끼를 키우는데, 어미 사자는 간혹 사냥감을 잡아놓고 죽이기 바로 직전에 놓아주기도 한다. 이는 자기 새끼들을 훈련하기 위해서이다. 참고로 새끼 사자의 생존율은 10% 미만으로 알려져 있다.

이 글의 맨 앞에 있는 사진에는 한 영국인 모녀의 모습이 희미하게 나온다. 이 사진은 2009년 12월 30일, 옥스퍼드 심장부에 있는 유니버시티 파크스에서 찍은 것이다. 사진상으로는 희미하게 보이지만, 그날은 매우 찬 겨울비가 내리고 있었다. 나는 혼자서 공원을 걷고 있었고, 한 모녀가 내 옆을 지나갔다. 비가 오는데, 우산도 없이, 영국인 엄마는 어린 딸의 손을 꼭 쥔 채, 함께 비를 맞으며 아침부터 공원을 걸었다.

옥스퍼드에 있는 유니버시티 파크스는 1년 중 12월 24일에만 문을 닫는다. 덕분에 크리스마스인 12월 25일에도 공원을 걸을 수 있었는데, 생각해보면 2009년 12월 31일과 2010년 1월 1일에도 많은 영국인 부모들이 아이들을 데리고 나왔었다.

영국의 12월은 무척 춥다. 그래서 영국의 겨울비는 더욱 차갑다. 추적추적 차가운 겨울비가 오고, 공원길은 온통 진흙투성이가 됐지만, 영국인 부모들은 혹독한 겨울 날씨에도 아이들을 데리고 나왔고, 걷게 했다. 내가 2009년 연말을 거쳐 2010년 1월 초까지 이 공원에서 가장 인상 깊게 본 것은 단 하나다. 사자는 새끼를 강하게 키운다.

6

영어 보조 교구재와
스마트한 활동

1 들어가며

집에서 아이에게 영어를 가르칠 때 반드시 한 개의 교재에 집 착해서 사용할 필요는 없다. 집에서 내 아이를 가르치는 데 학교 에서처럼 교육부에서 법으로 정한 영어과 교육과정이 있는 것도 아니고, 영어과 교육과정에 따라 개발된 국·검정 영어 교과서를 사용할 필요도 없다. 집에서 아이에게 영어를 가르칠 때는 오로 지 내 아이의 영어 실력을 늘리는 데 적합한지가 최우선으로 되 어야 하고, 필요하다고 판단되는 모든 수단과 방법을 광범위하 게 활용해야 한다. 이 장에서는 실생활에서 다양하게 활용할 수 있는 영어 보조 교구재와 유용한 활동을 살펴본다.

2 해외 참고서적

가끔 깜짝깜짝 놀랄 때가 있다. 안 찾아서 그렇지, 찾다 보면 이런 교재가 있으면 좋겠다고 생각한 책들이 이미 출간된 경우가 많기 때문이다. 영어 교재 개발 전문가인 Seth Lindstromberg가 개발한 The Standby Book을 보면 집에서 아이에게 영어를 가르칠 때 마무리를 하며 3~4분 정도 짧지만 임팩트 있게 할 수 있는 활동이 많이 소개되어 있다.* 참고로 The Standby Book은 33명의 영어 교사가 120개 이상의 영어 학습 활동을 정리한 것으로 수업을 어떻게 구성할 것인지에 대한 제안, 수업 중 아이와 함께할 수 있는 활동, 아이의 수준에 맞춰 제안된 활동의 변형과 확장, 예제로 활용할 수 있는 예문 등이 포함되어 있다. 이뿐만 아니라 이 책에는 대화 연습, 어휘 학습, 읽기, 쓰기, 유창성 연습, 짝활동과 모둠활동할 때 어떻게 구성할지, 아이의 자신감을 키우는 방법 등을 포함한다.

뉴질랜드 Unitec Institute of Technology 부교수로 있는 Jill Hadfield 역시 다양한 영어 교재 개발 전문가이다.** 특히 Hadfield 교수가 쓴 커뮤니케이션 게임 시리즈는 아이의 수준에 따라

---

*   http://www.sethlindstromberg.info/
**   https://www.unitec.ac.nz/about-us/contact-us/staff-directory/jill-hadfield

각기 다른 커뮤니케이션 게임 활동을 제공한다. Hadfield 교수는
원래 커뮤니케이션 게임 책을 Elementary^{초급}, Intermediate^{중급},
Advanced^{고급} 등 레벨에 따라 시리즈로 출간했다.[*] Elementary
Communication Games^{초급 커뮤니케이션 게임}은 이 시리즈의 첫 번째 책
으로 추측하기, 일치하기, 검색하기, 롤플레이, 시뮬레이션 등
각 활동에 대한 특정한 기능을 설명한다. 두 번째와 세 번째 책
에서도 집에서도 할 수 있는 다양한 게임을 소개하며 유사한 유
형의 게임이 포함되어 있지만, 책에 사용된 어휘와 문장 구조 등
의 수준은 단계별로 높아진다.

Mario Rinvolucri 교수의 문법 게임 시리즈도 집에서 처음 아
이를 가르치는 초보 부모가 아이에게 문법을 어떻게 가르치면
좋을지에 대한 매우 다양한 활동을 소개한다.^{**} 특히 Rinvolucri
교수의 Grammar Games^{문법 게임}에는 각각 특정 문법의 포인트를
집중적으로 다루며, 다양한 게임을 통해 아이들이 어떻게 더 흥
미와 재미를 유지할 수 있는지 자세한 설명이 나와 있다. 후속작
인 More Grammar Games^{더 많은 문법 게임}은 전작보다 더 구체적으로
각 게임으로 연습할 문법 영역, 목표 수준, 소요 시간, 필요한 자

---

[*]   이 시리즈의 인기에 힘입어 나중에 Beginners' Communication
    Games를 출간함
^{**} https://www.goodreads.com/author/list/36547.Mario_
    Rinvolucri

료 등이 친절하게 설명되어 있다. 또한, 단계별 접근법을 적용하여 아이가 문법을 단계적으로 학습할 수 있는 활동을 제시한다.

추천 참고서적

[Books by Seth Lindstromberg]
• The Standby Book: Activities for the Language Classroom
• English Prepositions Explained
• Language Activities for Teenagers
• The Recipe Book: Practical Ideas for the Language Classroom
• Teaching Chunks of Language: From Noticing to Remembering
• Cognitive Linguistic Approaches to Teaching Vocabulary and Phraseology
• Optimizing A Lexical Approach to Instructed Second Language Acquisition

[Books by Jill Hadfield]
• Beginners' Communication Games
• Elementary Communication Games
• Intermediate Communication Games
• Advanced Communication Games
• Elementary Vocabulary Games
• Intermediate Vocabulary Games
• Elementary Grammar Games
• Intermediate Grammar Games
• Reading Games
• Writing Games
• Motivating Learning

[Books by Mario Rinvolucri]
• Grammar Games: Cognitive, Affective and Drama Activities for
  EFL Students

- More Grammar Games: Cognitive, Affective and Movement Activities for Efl Students
- Multiple Intelligences in EFL: Exercises for Secondary and Adult Students
- Dictation: New Methods, New Possibilities
- Once Upon a Time: Using Stories in the Language Classroom

❸ 정식 교재 이외의 자료

교구재는 목적 자체가 교수학습을 위해 사용하는 여러 가지 재료이다. 이처럼 원래 교수학습을 목적으로 만들어진 교육용 교구재가 아니더라도 우리 주변에는 얼마든지 교육용으로 활용할 수 있는 자료가 많다.* 예를들어 영문 신문기사, 해외 뮤직비디오, 영어 팸플릿, 영어 이메일 등은 집에게 아이에게 영어를 가르칠 때 활용할 수 있는 실제 자료이다. 이런 실제 자료를 사용하면 아이의 동기부여를 끌어낼 수도 있고, 실제 사용된 영어 사례를 확인하는 기회가 된다. 아이를 위한 교육용이 교재가 아니라 일반 대중을 상대로 하므로 사진이나 영상의 질이 더 나을 수 있다.

---

* 영국에서 유학할 때다. 영국으로 유학을 온 선배 가족이 있었는데, 형수를 보며 느낀 게 많았다. 그 집은 아이가 셋이라 우리나라에 있을 때도 아이들을 학원에 보내거나 과외를 하지 않았다고 한다. 경제적인 이유 때문인지, 아니면 소신 있는 교육 철학 때문인지 잘 모른다. 형수는 영국에 와서도 아이들과 함께 학교까지 걸어가며 길가에 핀 꽃을 보면, 길을 멈추고 아이들과 꽃에 관해 신나게 얘기하고, 길가에 민달팽이, 곤충, 식물 등 우리나라에서는 힘든 것을 보면 한참을 아이들과 신기해하며 시간 가는 줄 모르고 즐겁게 얘기를 나눈다고 한다. 생물학과에서 박사후과정을 하는 분을 통해 실험실에서 고장 나서 버린 현미경을 받아서 아이들과 함께 재미있는 관찰 실험을 했다는 얘기를 듣고는 역시 진정한 참교육은 부모만이 해줄 수 있다는 생각이 굳어지는 순간이었다. 내가 돌보지 않은 내 자식을 누가, 얼마나, 정성스럽게 돌보겠나? 그건 착각일뿐이다.

이런 장점에도 불구하고 실제 자료는 아이가 이해하기에 다소 어려운 영어로 기술되어 있을 수 있고, 만일 아이가 그걸 이해하지 못하면 낙담할 수 있다. 또한, 교육용이 아니다 보니 폰트 크기가 작을 수 있고, 간혹 예상치 못한 내용이 담겨 있으므로 내용을 삭제하거나 수정해야 할 수 있다. 한편, 아이가 감당하기에 문화적으로 큰 부담을 줄 수 있다는 점도 고려해야 할 것이다.

2008년 5월 12일부터 6월 27일까지 옥스퍼드대학에서 운영하는 Effective Online Tutoring^{효과적인 온라인 튜터링} 과정을 마쳤다. 이후 옥스퍼드대학에서는 또 다른 과정에 대한 아래와 같은 홍보 이메일을 주기적으로 보낸다. 이런 이메일로 집에서 아이와 함께 영어로 이메일 쓰기와 같은 활동을 할 수 있다. 이때 이러한 이메일은 공식적인 이메일이므로 공식적인 이메일 쓸 때와 비공식적인 이메일 쓸 때를 구분하여 이메일 쓰는 방법을 가르치면 좋다. 한편, 예전에 해외에 놀러 갔을 때 챙겨온 호텔 팸플릿을 집에서 사용하는 것도 좋은 방법이다.

Dear Student,

These are exciting times for Oxford University's Department for Continuing Education. Hundreds of courses for next year will be published online in June, and our autumn Open Day will have dozens of free lectures, walking tours and workshops.

We'd love to keep you updated – but new General Data Protection Regulation rules come into effect on May 25th, 2018. If you'd like to continue receiving announcements of new courses, free events and news, please let us know by clicking here to automatically update your preferences.

Best wishes,

Professor Jonathan Michie
Director, Oxford University Department for Continuing Education

출처: 옥스퍼드대학에서 온 평생교육 광고 팜플렛(2018.5.12.)

교육용으로 제작된 교재가 아닌 실제 자료를 사용하며 수업이 더 풍성해진다. 교육용으로 개발된 교재에서는 교육과정에 따라 제한된 영어 단어와 제한된 수준의 영어가 사용되지만, 아이가 직접 접할 수 있는 실제 자료는 더 현실적이고 실제 영어를 아이가 접하게 된다. 특히 아이와 함께 여행을 갔던 해외 호텔 팸플릿을 활용하는 건 아이의 기억을 되살리는 게 도움이 되고, 새로 배운 영어 단어와 문장을 더 오래 기억하는 데 큰 도움이 된다.*

아래는 내가 영국에 있을 때 가입했던 영국도서관에서 주기적으로 보내는 뉴스레터 이메일이다. 집에서 아이와 함께 영국도서관 이야기를 하며, 인터넷으로 영국도서관 웹사이트를 방문하고, 아이와 함께 이메일주소로 뉴스레터를 받는 곳에 가서 아이의 이메일 주소를 입력해보고**, 아래 이메일에 대해 함께 공부해

---

* 한국교육과정평가원에서 만 8년을 일하였다. 영어시험출제연구실을 포함하여 교육과정·교과서본부, 교육평가본부, 임용시험센터 등 다양한 부서에서 영어 평가와 관련된 일을 많이 하였다. 영어 시험문제를 보면, 실제 원어민들의 생활에서 접할 수 있는 **실제성**authenticity를 시험 문제로 활용하는 경우가 종종 있다. 예컨대, 교실에 있는 학생들에게 공지되는 영어 내용을 이해하고 물음에 답하기, 테니스 게임 일정을 정하는 영어 대화를 듣고 물음에 답하기, 학교 게시판에 공지된 영어 게시물을 읽고 물음에 답하기 등 실제로 일어나는 다양한 활동을 이해하고 물음에 답하는 문항이 자주 출제된다. 해외여행을 갈 기회가 있다면, 관광지에 있는 안내 자료나 팸플릿을 최대한 많이 가져와서 아이 방에 붙여 놓고, 가끔 그곳에서 있었던 일에 관해 얘기해 보는 시간을 가져본다. 교육적 효과뿐 아니라 글로벌 문화를 이해하는 데도 큰 도움이 된다. 해외여행을 가기 어렵다면, 국내 관광지에 외국인을 위한 영어로 번역된 자료도 많다. 가장 큰 장점은 무료로 이러한 자료를 얻을 수 있다는 점이다.

** https://www.bl.uk/membership?utm_source=BLwebsite&utm_medium =referral&utm_c ampaign=membership&utm_content=joinpagetextlink 화면 아랫부분을 보면 영국도서관의 뉴스레터를 구독하고 싶은 사람이 본인의 이메일주소를 입력할 수 있는 박스가 있다. 이곳에서 본인의 이메일주소를 등록하면, 이후 영국도서관에서 주기적으로 새로운 소식을 보내준다. 실제 영국에 있지 않지만, 이런 자료를 활용하여 얼

보는 시간을 갖는 것도 좋다.*

마든지 아이와 새로운 활동을 할 수 있고, 나중에 실제 영국에 갔을 때
영국도서관이 아주 친근하게 느껴질 수 있다.

* 몇 년전 테드(TED) 토크에서 스팸 이메일에 답장하면 이렇게 된다는
주제로 제임스 베이치가 발표한적이 있었다. 물론 스팸 이메일은 영어
로 쓰여있고 내용도 황당하다. 하지만 제임스의 이야기를 들으며, 이
팔(e-pal) 상대를 구할 수 없다면 스팸 이메일에 답장을 보내며 영어
이메일 쓰기 연습을 해보는 것도 나쁘지 않아 보였다. 제임스 베이치
의 테드 토크 URL: https://youtu.be/_QdPW8JrYzQ

4 시각자료

새로운 영어 단어를 아이가 기억하기 위해서는 보통 일곱 번의 반복이 필요하며, 이때 시각자료를 활용하면 좋다는 얘기를 여러 번 반복 강조하였다. 어린이집, 유치원, 학교 영어교실에 가면 영어 단어와 함께 그림이 붙어 있는 포스터를 본 적이 있을 것이다. 시각자료는 우리 뇌의 다른 부분을 자극하여 문자와 함께 아이가 일곱 번을 반복하지 않아도 알 수 있게 도와주는 보석 같은 보조 도구이다. 이렇게 시각자료가 유용한 건 아는데, 어떤 시각자료를 어떻게 이용할 수 있을까? 내 아이에게 적합한 시각자료를 직접, 함께 만들어 보는 건 어떨까?

보통 시각자료라고 하면 꼭 교재에서 사용된 것만을 떠올리는 부모가 많다. 이 책에서 여러 번 강조하였지만, 내 아이의 영어 실력을 늘리기 위해서는 상식적인 수준에서 모든 수단과 방법을 동원할 필요가 있다. 이때 부모도 사고의 틀을 깨고 창의적인 생각을 해야 한다. 아이에게 새로운 영어 단어를 가르쳐줄 때 집에 있는 물건을 스마트폰으로 찍어서 사용하는 생각을 미처서 하지 못하는 부모가 많다. 예를 들어 아이의 겨울 코트 한 벌을 스마트폰으로 찍은 다음, 소매, 깃, 안감, 단추, 벨트 등을 아이에게 보여줄 수도 있고, 코트의 재질을 확대해서 아이와 면과 가죽의 차이에 관해 얘기하며 다른 재질에 대한 영어 단어학습을 할 수 있다. 이때 중요한 것은 아이의 나이와 관심사에 초점을 맞추는 것이다. 아이가 좋아하는 바비 인형을 좋아하면 아이와 마트에 가서 바비 인형 사진을 여러개 찍어서 함께 사진 찍은 바비 인형의 옷에 관해 얘기하거나, 아이가 자동차에 관심이 있다면 역시 마트에 가서 다양한 자동차 사진을 찍어와서 차의 종류, 역할, 크기, 색깔 등에 관해 즐거운 얘기를 나눌 수 있다.

여기서 한 발 더 들어가면, 아이에게 직접 사진을 찍고 그것을 출력하여 아이의 방에 전시하거나 아이가 주제를 정해서 포스터를 만들 수도 있다. 예를 들어, 자동차를 좋아하는 아이라면 아빠 차의 각 부분을 찍은 다음 해당 부품을 영어로 적게 하는 것이다. 여기서 더 한 발 들어가면, 각 부품의 기능을 간략하게 영어로 적게 하는 활동을 하다 보면, 아이는 자연스럽게 자기가 좋아하는 자동차에 대한 영어 이름을 알게 된다. 자동차는 약 2만 개 이상의 부품으로 이루어져있다.

여기서 추가로 한 발 더 들어가면, 아이와 함께 자동차를 탈 때마다 아이에게 각 부품에 대한 설명을 영어로 해달라며 대화를 할 수도 있다. 아이가 한마디 할 때마다 칭찬을 아끼지 말고, 인센티브도 듬뿍 주다 보면 아이는 신이 나서 스스로 찾아 공부하게 된다. 같은 방식으로 바비 인형 하나만 가지고도 바비인형을 만드는 회사 웹사이트를 가볼 수 있고, 바비인형의 역사에 관해 영어로 된 설명을 해석해가며 함께 조사해보는 것도 좋다.

5 방송과 신문기사

방송과 신문은 기존 교재에서 보기 어려운 최신의 정보와 영상을 제공한다. 앞서 여러 번 언급하였듯이, 내 인터넷 브라우져의 첫 화면은 영국 BBC 뉴스 〈교육〉 분야이다.[*] 하루에도 수십 번 인터넷 창을 닫았다가 열기를 반복하며 무의식중에 BBC 뉴스 기사 제목이라서 스치듯 본다. 인터넷에서 다운로드한 새로운 소프트웨어를 설치할 때 홈페이지를 바꾸도록 교묘하게 설정되어 나도 모르게 인터넷 시작 페이지가 바뀐 경험이 있을 것이다. 그들이 집요하게 인터넷 시작 페이지를 자기들이 원하는 페이지로 바꾸려고 하는 이유도 여기에 있다. 인터넷 브라우저를 닫고 켜기를 할 때마다 광고나 국내 신문 기사를 읽기보다는 영어로 된 신문 기사를 한 개라도 더 읽으며 영어 실력을 키우자.

---

[*] https://www.bbc.co.uk/news/education

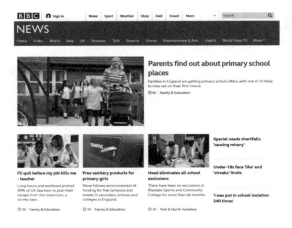

[그림 1] 영국 BBC 뉴스 〈교육〉 분야

　나는 〈그림 1〉과 같이 영국 BBC 뉴스 기사 제목만 스치듯이 보다가 내가 흥미롭다고 생각되는 기사가 있으면 간략히 기사를 훑어본다. 예를 들어 얼마 전에 우연히 How US students get a university degree for free in Germany라는 제목의 기사를 보고 내용을 읽어봤다. 아이가 둘이고 나중에 아이들이 해외에서도 공부하면 좋겠다고 생각하고 있는데, 솔직히 경제적인 문제를 해결하기가 마땅치 않다. 따라서 학비가 저렴하거나 장학금을 받을 수 있는 곳에 관심이 많다. 늘 그런 생각을 하고 있으니 저런 기사가 눈에 팍팍 들어오는 것이다. 기사의 내용은 영국과 상관없이 미국에서 좋은 대학에 다니면 졸업하자마자 갚아야 할 돈이 태산인데, 독일은 뮌헨 공대같은 명문대학에서 학위과정을 해도 독일 학생이나 외국에서 온 유학생이 학비가 거의 없다는 것이다. 물론 이런 기사는 나의 관심사이기 때문에 내가 집중해서 보게 되며, 밑에 유사 주제로 연결된 방송 클립도 집중해서 시청하게 된다. 꼬리에 꼬리를 물고 내가 관심있는 영어 콘텐츠를 더 집중하여 보기 때문에 학습 효과도 좋다.

6 영화와 애니메이션

영화는 내가 영어를 배우는 데 가장 광범위하게 많이 활용한 도구였고, 지금도 영어 실력을 유지하기 위해 사용하는 것이다. 큰아이는 어릴 때부터 콩순이, 뽀로로, 프린세스 소피아, 페파피그 등 다양한 애니메이션을 보며 자랐다. 아이가 어릴수록 어른들이 보는 영화보다는 애니메이션이 더 친근하다. 다만, 아이에게 애니메이션을 틀어주고 방치하는 부모들이 있는데, 그냥 시간 보내기식으로 아이에게 애니메이션을 틀어주기보다는 함께 애니메이션을 보고 얘기를 나눠보는 게 좋다. 소호는 콩순이와 뽀로로를 볼 때는 우리말 버전을 봤지만, 이후 프린세스 소피아와 페파피그는 영어 버전을 봤다. 요즘은 넷플릭스에서 방영하는 에밀리의 원더 랩Emily's Wonder Lab을 즐겨 시청한다.

영국에서 유학할 때 내가 아는 교수 중에 자기 아이의 제2언어 습득과정을 연구하는 사람이 있었는데 왜 그랬는지 알 것 같다. 아이의 제2언어 습득과정을 옆에서 지켜보면 책이나 논문을 통해 알게 된 연구 결과와 비슷하거나 다른 결과를 내 아이의 행동을 통해 보기 때문이다. 그러다 보면 다시 책과 논문을 찾게 되고, 될 수 있는 대로 아이의 제2언어 습득에 도움되는 방법을 찾게 되는 것이다. 누구나 제 자식이 여러 언어를 하길 바라지 않겠나? 나 역시 아이들에게 적절한 것을 늘 찾고, 적용하고, 반응을 살피는 등 다양한 방법을 실험하고 있는 셈이다.

본론으로 돌아와 아이가 십대이고 여자아이라면 좋아하는 아이돌 가수의 영어 다큐멘터리를 보여주는 것도 좋은 접근방법이다. 내가 아는 어떤 교수는 아이가 둘인데 집에서는 TV를 볼 때는 영어로 나오는 것만 보도록 규칙을 정했다고 한다. 그 이유는 집 밖에 나가면 한국어를 쓸 기회는 충분히 많으니, 최소한 집에서는 영어로 된 책을 읽고 영어로 나오는 TV나 영화를 보도록 하자는 것이다. 그렇게 인위적으로라도 아이들에게 영어를 노출시키지 않으면 영어가 금방 사라지게 된다는 것이다.*

아이도 아이 나름대로 관심이 있는 게 있을 것이다. 예를 들어 큰아이는 이제 애니메이션보다는 차츰 또래 아이나 언니가 나오는 유튜브 방송으로 갈아타기 시작하였다. 이제 파닉스를 시작하여 영어 문자를 읽기 시작하였지만, 글을 읽기 시작하면 그동

---

* 나도 동의하는 부분이다. 우리나라는 EFL(English as a Foreign Language) 상황이다. 즉, 학교나 학원에서 영어를 배우는 시간 이외에 그곳을 떠나면 영어를 사용할 기회가 거의 없다. 따라서 어떤 식으로든 영어를 접하고 써보는 시간을 마련해줘야 한다. 우리 집에서도 아이가 유튜브 방송을 보고 넷플릭스를 보는 것을 허락하지만, 영어 콘텐츠를 보도록 한다. 아주 어렸을 때부터 아이들이 영어 콘텐츠를 접하다 보니 처음에는 무슨 말인지 모르다가, 지금은 특정 영어 표현이 사용되는 문맥을 차츰 이해하고, 실생활에서 부모에게 특정 영어 표현을 자연스럽게 사용한다. 발음은 당연히 영국에서 10년 넘게 살고 있고, 현직 영어영문학과 교수인 나보다 더 좋다.

안 봤던 프린세스 소피아, 페파피그, 에밀리의 원더 랩^{Emily's Wonder Lab} 공식 홈페이지를 가볼 것이다. 또한, 큰 아이가 조금 더 크면 인터넷이 연결된 내 컴퓨터와 커다란 거실 TV를 연결해서 집에서 편안하게 영국박물관 홈페이지[*]와 영국 국립미술관에 들어가 유물과 그림을 보여 아이와 얘기를 나눌 것이다. 영국박물관은 공식 블로그를 운영하는데, 흥미로운 주제의 이야기가 자주 업데이트된다.^{**}

[그림 2] 거실에서 편안하게 TV를 보는 아이들

---

*　　https://www.nationalgallery.org.uk
**　　https://blog.britishmuseum.org

7 태블릿 PC와 노트북

2017년 4월과 5월 한국교육과정평가원에서 4차 산업혁명과 미래 영어교육이라는 주제로 4차 산업혁명과 미래 영어과 교육과정, 4차 산업혁명과 미래 영어 교과서 연속 세미나를 한국영어학회와 공동으로 개최하였다. 전국에 있는 교수, 교사, 연구원, 학부모 등 수백명이 세미나에 참석했다.*

[그림 3] 4차 산업혁명과 미래 영어교육 세미나 모습

---

* 이 세미나의 결과는 4차 산업혁명과 미래 영어교육이라는 책으로 출간되었다. URL: https://book.naver.com/bookdb/book_detail.nhn?bid=14115877

[그림 4] 4차 산업혁명과 미래 영어교육 세미나 발표 모습

　세미나 말미 자유토론 시간에 참석자로부터 다양한 질문이 쏟아져 나왔는데, 그중 한 가지는 지금도 여전히 논란이 되는 이슈다. 아이가 요즘과 같은 지능정보사회에서 배운 걸 바탕으로 새로운 환경에서 새로운 지식과 가치를 만들어나가는 것은 아이에게 꼭 필요한 능력이고 이를 키우기 위해서는 독서가 중요하다는 것은 알겠다. 그런데 책을 종이가 아닌 태블릿으로 보여줘도 되냐는 것이다.

　전언하였듯이 이 문제는 학자들 사이에서 의견이 분분하다. 그날 참석한 전문가들 사이에도 의견이 분분했다. 내 생각은 Why not? 이다. 빌 게이츠나 IT 관련으로 성공한 사람들이 자기 자식에게 IT 기기 사용을 엄격히 통제한다는 말을 들었다. 결국 아이가 스스로를 통제할 수 있을 때까지 부모가 옆에서 어떻게 보조하느냐가 관건이라고 생각한다. 구더기 무서워서 장 못 담그냐는 말은 괜히 나온 말이 아니다.

　나도 아이에게 스마트폰을 주는 것에는 신중하다. 하지만 집에서 **콩순**이나 **뽀로로** 유튜브를 보여주는 것에는 반대하지 않는다. 오히려 나는 내가 큰아이에게 태블릿을 사줬고, 작은 아이에게도 태블릿을 사줬다. 아이가 유해한 콘텐츠를 접하지 않도록 키드락을 걸었다. 희안한 건 콘텐츠 자체를 내가 통제할 수 없는 구조라서 중간에 광고가 나오는 부분이 거슬렸는데, 아이들은 그 작은 손가락으로 그 작은 아이콘을 터치하며 광고 건너뛰기를 하고 있었다.*

---

*　현재는 유튜브 유료 회원으로 가입해서 중간 광고 없이 본다. 왜냐하면 아무리 키드락을 걸어놨다고 하더라도 아이들을 상대로 하는 인형이나 장난감 광고까지는 내가 안 나오게 할 수 없었다. 또한, 가끔은 음식 광고이긴 하지만 내용이 성인 대상인 경우도 있어서이다.

[그림 5] 태블릿으로 콩순이 유튜브를 보는 모습

기초 생활 한국어가 어느 정도 되가는 중 영어를 조금씩 도입
하자는 생각이 들었고, 주위에서 추천하는 **노부영**^{노래를 부르는 영어*}을
구입했다. 노부영은 DVD 형태로 나오기 때문에 처음에는 어쩔
수 없이 노트북을 사용해야 했다. 하지만 컴퓨터를 켜고 DVD를
작동하는 과정이 불편하여 놀이방 TV에 파일을 연결하여 더 큰

_____

*   아이를 키우기 전까지는 아이들에게 유익한 영어교재가 무엇이 있는
지 잘 몰랐고, 관심도 없었다. 목마른 사람이 우물을 판다고, 필요하게
되니까 주변 초등교사를 양성하는 서울교대, 경인교대, 대구교대 등에
계신 교수님들에게 관련 내용을 물어보게 되고, 현직 초등교사들에게
도 물어보게 되었다. **노부영**은 서울교대 어떤 교수님이 추천해준 교재
이다. 사실 교재라기보다는 아이가 노래를 부르며 거의 운동에 가까운
댄스를 하는 매우 유익한 교재이다. 만3~4세 아이에게 강추한다.

화면에서 볼 수 있는 환경을 만들었다. 현재 아이들 놀이방 TV 에는 다수의 영어교육 교수와 박사들이 추천한 콘텐츠가 저장된 USB가 연결되어 있어서 아이들이 편하게 볼 수 있도록 환경을 만들었다.

[그림 6] 노부영을 보며 영어 노래와 율동을 따라하는 모습

노래와 율동이 나온 김에 첨언을 하자면, 아이가 새로운 영어 단어와 청크를 배우면, 반드시 큰 소리로 말하게 한다. 바나나 그림을 봤으면 바나나를 크게 말하게 하고, 나중에 아이가 더 커서 쓸 수 있는 수준이 되면 손으로 직접 그리고, 쓰게 한다. 눈으로만 보는 학습은 오래 기억되지 못한다. 말을 함으로써 조금 더 오래 기억될 수 있지만, 손까지 동원해서 새로운 영어 단어나 청크를 쓰면 뇌 부위에 자극이 되어 그렇게 안 할 때보다 기억이 오래간다. 뇌과학 전문가들은 단순히 기억을 오래하기 위해서만이 아니라 새로 배운 영어 단어를 큰 소리로 말하도록 하면, 이런 행위로 인한 자극이 뇌에 혈액을 잘 흐르게 하고 아이의 뇌를 건강하고 활동적으로 만든다고 한다.

8 영어전문가 조언(6)

두 아이의 엄마이자, 영어교육사업가인 한정림 대표에게 우리 딸 영어교육 방법에 관한 조언을 구했다. 참고로 한대표는 이화여대 영어영문학과를 졸업하고 미국 명문 피츠버그대학에서 영어교육 석사학위를 받았다. 그 후 고려대에서 영어영문학 박사과정을 수료했고, 현재 잉글리시헌트 대표다. EBS 초목달^{초등목표달성}기획을 맡은 영어교육 전문가이다.

한대표는 아이들이 어릴 때, 엄마로서 문제해결 능력을 어떻게 키워줄 수 있을까?라는 질문에 계속 고민했었다고 한다. 단순히 단어 몇 개를 무조건 외우게 시키기보다는, 아이가 스스로 생각하며 논리성과 창의성을 키우는 방법을 고민했다.

한대표 경험에 의하면, 게임을 통한 학습이 효과가 있었다. 아이들이 어릴 때 훌라후프 2개를 거실에 두고 훌라후프를 하면서 서로 영어 단어를 주거니 받거니 하면서 영어 단어 놀이를 했다. 또한, 콩주머니 4개를 손 닿기 쉬운 곳에 놓고, 저글링을 하면서 1분 동안 누가 더 많은 영어 단어를 말하거나 10개 단어를 더 빨리 말하기 게임을 했다고 한다.

아이가 초등학교 고학년이 되면 구체적인 학습 목표를 정해 작은 성취감을 맛보게 하는 것도 도움이 된다고 전했다. 예컨대, 앞으로 1주일 동안은 하루에 20분씩 영어로 얘기하자.라는 식이다.

한대표는 그 목표가 달성되면 아이를 크게 칭찬해 주고 자신감을 느끼도록 격려해 주라고 당부했다.

아이는 영어를 습득하는 과정에서 영어가 외국어이므로 문법이 틀리고 자신이 부족한 점을 경험한다. 이때 아이에게 실수하는 건 잘못된 게 아니라는 점을 알려줘야 한다. '실수는 실패가 아니다'고 말한 토마스 에디슨의 정신을 일깨워주는 게 필요하다. 이 점은 영어는 실수할수록 는다는 내 생각과 일치한다.

솔직히 나는 내가 봐도 비문법적인 엉터리 영어를 한다. 말할 때는 더 심하다. 1997년 영국에 영어 연수 가서 틀린 영어로 참 뻔뻔스럽게 얘기를 자주, 많이 했다. 어떻게 보면 그게 일부 굳어진 것이 없지 않지만, 그렇게 실수를 겁내지 않고 영어를 막하지 않았다면 내 영어는 좋아지지 않았을 것이 확실하다.

한대표는 영어 때문에 자식에게 잔소리하고 야단치면, 부모·자식 간의 관계도 소원해질 수 있고, 자식에게 도움이 되지 않는다는 우리 딸과의 관계에 관한 조언도 했다. 우리 딸에게 영어를 가르치겠다는 의욕은 높은데, 의욕만 너무 앞서면 아이와의 관계가 틀어질 수도 있다는 얘기다. 아이가 아빠 바람대로 따라주지 않는다고 실망해서도 안 된다고 했다.

한대표는 에미가 손 놓은 자식, 남이 거둘 거라 기대 마라는 의미심장한 말을 전수해 줬다. 그만큼 부모의 관심이 중요하다는 얘기다. 맞는 말이다. 내가 손 놓은 우리 딸을 남이 거둬줄 거로 생각하는 순간, 우리 딸이 아니라 남의 딸이 된다. 우리 딸이 남의 딸이 된다고? 상상만 해도 끔찍하다.

⑦ 알려주세요, 선생님!

1. 헷갈리는 영어: Voucher나 coupon이나 같은 거 아닌가?

우리나라에서 잘못 사용되고 있는 말 중의 하나가 voucher^{바우}^처와 coupon^{쿠폰}이다. 더는 헷갈려하지 말고 이번 기회에 확실히 알아두자. Voucher는 물건을 구입할 때 돈 대신 결제 수단으로 사용할 수 있는 것을 말한다. 쉽게 생각하면 백화점 상품권이나 도서상품권 등을 떠올리면 큰 무리가 없다. Voucher는 화폐의 기능을 대신할 수 있으므로 요즘은 위·변조를 막기 위한 홀로그램을 넣기도 한다.

> The deal includes a £10 voucher towards an evening meal.
>
> 출처: 영국국립코퍼스[*]

---

[*] 안타깝게도 우리나라 2015 개정 영어과 교육과정의 기본 어휘나 외래어에는 voucher나 coupon이 포함되어 있지 않다. 다시 말해 우리나라 학생들이 학교에서 배우도록 권장하는 영어 단어나 외래어에 voucher나 coupon는 포함되지 않은 것이다. 당연히 시험에도 자주 출제되지 않으며, copupon의 예문은 몇 개의 영어시험에서 찾을 수 있었으나, voucher는 예문을 찾을 수 없어서 영국국립코퍼스British National Corpus를 참고하였다.

하지만 간혹 voucher가 화폐의 기능을 가진 것보다는 교환권의 개념도 가질 때가 있다. 예를 들어, 아래의 예문은 voucher가 특정 금액을 의미하기 식사 교환권의 의미로 사용된 경우다.
I gave Dong-Kwang vouchers to exchange for food, so he would not starve.

Coupon은 voucher와 같이 금액이 표시되어 있다기보다는 주로 할인 혜택을 제공하는 할인권으로 보면 크게 무리가 없다.

W: Looks nice. How much is it?
M: It's only $40. And it's easy to carry.
W: That's great. I'll take it.
M: Do you have a coupon?
W: Yes. I have a coupon for 10% off. Can I use it?
M: Sure.
W: Here's the coupon. And I'll pay by credit card.

출처: 2012년도 전국연합학력평가 시험 문제

어떤 사람은 coupon이 discount voucher라고 주장하기도 하고, coupon이나 voucher나 둘 다 똑같다고 주장하는 사람도 있다, 복잡하다. 그렇게 생각하려면 그냥 그렇게 생각하는 게 속편할 수도 있다. 나는 그냥 상품권은 voucher, 할인권은 coupon으로 사용한다.

2. 영국 문화: 영국에선 사람만 인도로 다닌다

↑사진 설명: 이 글 맨 위에 있는 사진은 2009년 8월 16일 일요일 오전, 영국 옥스퍼드에서 찍은 것이다. 제일 우측을 자세히 보면 자전거 한 대가 차도에서 달리고 있는 모습이 있다. 한편, 아무리 차도가 텅 비었다 하더라도 사람들이 인도로만 다니는 모습도 볼 수 있다.

영국에 살 때다. 친구가 타던 자전거를 주고 귀국했다. 초등학교 다닐 때 이후 자전거를 탄 일이 거의 없었다. 하지만 몸은 희한하게 자전거 타는 법을 기억하고 있었다. 덕분에 날씨가 좋으면 가끔 자전거를 끌고 나갔다.

어느 날 하도 날씨가 좋길래 자전거를 타고 집을 나섰다. 한 영국인 할아버지가 나보다 앞에서 천천히 걸어가고 있었다. 인도가 좁아 비켜서 가지도 못하고 할아버지 뒤를 자전거를 탄 채

졸졸 느리게 따라갔다. 영국에선 보통 뒤에 누가 오는 소리가 나면 앞서가던 사람이 먼저 가라며 길을 터준다. 그런데 그 할아버지는 끝까지 길을 안 비켜줬다.

그렇게 한 5분이 지났을까. 할아버지가 드디어 다른 길로 방향을 바꾸는가 싶더니 갑자기 뒤로 돌더니 나를 보며, **이 길은 사람이 다니는 길이다. 자전거는 차도로 다녀라**고 꾸짖었다. 아차 싶었다. 밥 먹을 때 나도 모르게 소리를 크게 내며 먹다가 어른한테 한 소리 들은 기분이었다. 지켜야 할 걸 안 지켰다는 사실에 나도 모르게 얼굴이 붉어졌다.

자전거는 양발로 페달을 밟아 바퀴를 돌려 앞으로 나가게 만든 수레다. 한문으로는 自轉車^{자전차}라고 쓴다. 자동차, 기차, 전동차와 같은 교통 기관의 하나다. 사람만 다녀야 하는 길, 즉 인도^{人道}에서 나는 무식하게 자전차를 버젓이 탔고, 한심스럽게도 앞서가던 할아버지가 길을 안 비켜준다고 투덜댔다.

그러고 보면 그 이후에도 영국인이 인도에서 자전거를 타고 다니는 걸 본 기억이 거의 없다. 영국인은 자전거를 타면 차도로 다닌다. 보행자의 안전을 위해 당연히 자전거가 다녀야 할 길로 다니는 것이다. 당연하지 않은가. 사람이 다니는 길과 차가 다니는 길을 나누고, 그 목적에 맞게 구분해서 다닌다.

당연한 것 같지만, 이들이 그 당연한 것을 지키는 게 왜 그리 대단하게 보였을까? 아마 우리나라에서는 그 당연한 걸 지키는 게 그만큼 어렵기 때문일까. 후진국으로 갈수록 길의 구분 없이 사람, 자전거, 오토바이, 자동차, 심지어 소가 끄는 수레까지 한데 어우러져 다니는 모습을 쉽게 볼 수 있다.

우리나라도 인도와 차도가 구분되어 있지만, 사람만 다녀야 하는 길로 자전거나 오토바이가 다니는 것을 심심치 않게 목격한다. 선진국이란 경제뿐 아니라 문화도 앞선 나라다. 우리나라가 진짜 선진국이 되려면 당연히 지켜야 할 것을 지키는 문화가 반드시 정착되어야 한다.

3. 영국식 교육: 고인 물이 먼저 언다

2009년 12월 13일부터 15일까지 영국 옥스퍼드대에서 열린 소규모 학술대회에 참석한 적이 있다. 당시 영국에서는 거액의 연봉과 수당 때문에 젊고 유능한 토종 영국인 연구자들이 대학에 남지 않고 박사학위를 받자마자 기업으로 가는 일이 잦았다. 사정이 이렇다 보니 영국 학계에서는 영국대학에서 일하는 것을 선호하는 외국 출신 이민자에게 영국의 미래를 맡기게 되는 것 아니냐는 말이 심심치 않게 나왔다. 앞으로는 영국대학에서 토종 영국인 연구자를 보기 어려울 것이라는 위기감도 있었다. 따라서 상대적으로 열악한 환경에 있는 고등교육기관 연구자의 현실과 직업으로서의 고등교육기관 연구직에 관해 참여자들의 열

띤 토론이 있었다.

만일 옛날로 돌아가 박사과정을 새로 시작한다면?이라는 주제로 토론할 때였다. 약 30명 정도의 사람이 모였는데, 참여자 대부분이 영국인이었다. 박사과정 1년 차부터 이제 막 교수가 된 사람, 경력 10년 이상의 교수, 은퇴한 지 10년이 넘은 노교수까지, 나이와 경력도 다양했다. 그들은 그곳에서 자기 생각을 밝혔다.

나는 1시간 30분 내내, **그래, 이것이 진짜 소통이다**는 느낌을 강하게 받았다. 경력 10년 차 교수에게 주눅 들지 않고 당당하게 전혀 상반된 의견을 개진하는 박사과정 1년 차 학생. 그리고 이를 진지하게 경청하는 원로 교수들. 영국인들은 나이와 경력에 상관없이 서로 존중하는 가운데 자신의 목소리를 냈다.

2009년 12월 20일 오전, 옥스퍼드대 안에 있는 유니버시티 파크스를 걸을 때였다. 길을 중심으로 왼쪽은 강이었고, 오른쪽은 호수였다. 그 전날은 기온이 많이 떨어져서 추웠다. 그래서 그런지 오른쪽에 있는 호수에 살얼음이 꼈다. 왼쪽에는 흐르는 물, 오른쪽에는 고인 물. 그 사이에 난 길을 걸으며 나는 그날 고인 물이 먼저 언다는 사실을 새삼 깨달았다.

흐르는 물은 웬만해서 잘 얼지 않는다. 끊임없이 흐르기 때문이다. 하지만 고인 물은 똑같은 날씨에도 먼저 언다. 흐르는 물에 비해 움직임이 적기 때문이다. 나이와 경험이 많은 원로교수라 할지라도, 그의 방식이 오늘날 고등교육 현장에서 통하지 않을 수 있다. 그래서 신구세대가 한자리에 모여, 지금 당장뿐 아니라 앞으로도 계속 해결해야 할 문제를 주제로 토론한 것이다.

미국 CIA 월드팩트북에 따르면, 2021년 3월 영국 인구는 약 6천6백만 정도이다. 영국은 우리보다 약 1천4백만 명 정도 많고, 일본 인구의 절반이 안 된다. 하지만 국제사회에서 영국의 영향력은 상당하다. 나는 영국이 이와 같은 힘을 지속시킬 수 있는 중요한 요인 중 하나는 다름 아닌 세대를 초월한 막힘없는 소통에서 시작한다고 생각한다. 진심으로 소통하고자 하는 진지함. 그것이 영국의 힘이고, 나는 그날 그것을 목격했다.

7

스마트한 영어
실력 늘리기 비법

▎1 들어가며

매일 달린다는 것은 나에게 생명선과 같은 것으로, 바쁘다는 핑계로 인해 건너뛰거나 그만둘 수는 없다. 만약 바쁘다는 이유로 달리는 연습을 중지한다면 틀림없이 평생 동안 달릴 수 없게 되어버릴 것이다. 계속 달려야 하는 이유는 아주 조금밖에 없지만 달리는 것을 그만둘 이유라면 대형 트럭 가득히 있기 때문이다. 우리에게 가능한 것은 그 '아주 적은 이유'를 하나하나 소중하게 단련하는 일뿐이다. 시간이 날 때마다 부지런히 빈틈없이 단련하는 것. 무라카미 하루키가 〈달리기를 말할 때 내가 하고 싶은 이야기〉에서 한 말이다. 달리기든 영어든 똑같다. 매일 조금씩, 귀찮더라도 한 번 안 하면 계속 안 할 수 있다는 생각으로 부지런히 단련하는 것. 그게 영어 잘하는 비법이다.

사실 이 장을 넣을까 말까 고민했다. 왜냐하면, 이 책을 쓰는 이유가 집에서 엄마표 영어를 하고 싶은 엄마를 위해 쓴 건데, 아이가 아닌 성인이 돼서 영어를 새로 배운 내 얘기를 넣는 게 도움이 될까 싶어서다. 하지만 아이의 영어 실력과 상관없이 내가 영어 실력을 늘리기 위해 했던 것을 집에서도 할 수 있으리라는 생각을 동시에 했다. 여하튼, 걸러서, 또는 골라서 참고하기 바란다.

2 스마트한 영어 듣기 실력 늘리기 비법

서당에서 삼 년 동안 살면서 매일 글 읽는 소리를 듣다 보면 개조차도 글 읽는 소리를 내게 된다는 뜻으로 서당 개 삼 년이면 풍월을 읊는다는 속담이 있다. 영어 듣기 실력을 늘리는 방법은 간단하다. 자주 오래 들으면 된다. 너무 당연한 얘긴가? 하지만 사실이다. 물론 일정 수준을 넘어서기 위해서는 듣는 것만이 아니라 읽고, 말하고, 쓰면서 영어를 자주 사용하며 연마해야 한다. 특히 중급 수준이 되면 어떤 상황에서 나온 말인지 들으면서 맥락을 추론하는 연습을 하면 더 좋다.

영어권 나라로 어학연수를 다녀온 사람들은 대부분 처음 한 달 동안 한 일도 별로 없는데 하루가 매우 힘들다. 그 이유는 잘 안 들리는 영어를 집중해서 듣다 보니 뇌가 빨리 피로해지기 때문이다. 사실 우리나라에 살면서도 마찬가지다. 누군가가 중요하다고 생각하는 말을 할 때 귀를 쫑긋 새우고 집중해서 듣는다. 그러다보면 매우 피곤해진다. 하물며 영어는 더 그렇다. 내용이 뭔지도 모르는 상태에서 영어로 하는 얘기를 들으면 무슨 얘긴지 모른다. 영국에서 인터넷 개설을 어떻게 하는지 모르는 상태에서 영국사람이 뭘 어떻게 하라고 하면 아무 생각이 안 든다. 상대방이 앞에서 얘기하면 대충 눈치로라도 추측이라도 할 수 있는데 전화로 대화하다 보면 도대체 무슨 소린지 모를 때가 많다. 게다가 표준 영어 발음이 아닌 스코틀랜드 사투리나 아이리시 사투리가 조금 섞이거나 인도나 파키스탄, 아프리카 억양이 섞인 영어를 전화로 들으면 더 안 들린다.*

소위 '귀를 뚫기' 위해서 내가 한 일은 집에서는 항상 영국 BBC 라디오**를 틀어놓고 잘 때도 틀어놓고 잤다. 그리고 TV를 자주 봤고, 영화는 더 자주 봤다. 사실 내가 영어로 말하면 영국식 영어를 하는 것 같은데 어딘지 미국식 영어도 섞여 있다는 말을 듣는다. 영국사람들하고 말하고 떠든 시간보다 미국 헐리우드에서 만든 영화를 거의 일주일에 2~3편은 봤기 때문에 들은 대로 무의식중에 미국식 발음이 섞여 있는 것이다. 참고로 듣기 실력을 키우기 위해 처음에는 TV나 영화를 볼 때 영어 자막을

---

* 영국은 과거 식민지 시대와 산업혁명 시기를 거치며 아프리카, 인도, 파키스탄 지역에서 많은 사람들이 이주하여 사는 사람이 많고, 한동안 은행이나 대형 마트 콜센터를 인도나 파키스탄에서 아웃소싱하는 게 유행이었다. 나도 영국에서 5년 정도 넘게 살고 나서야 전화받는 게 두렵지 않게 되었다.

** 영국은 라디오 천국이라고 할 만큼 다양한 라디오 방송이 있고, 지역마다 라디오 방송국이 있어서 내가 사는 지역 라디오 방송을 듣는 재미도 쏠쏠하다. 참고로 영국 BBC 라디오는 채널이 여러 개다. 라디오 1은 주로 젊은 층을 상대로 한 팝 뮤직이 방송되며, 라디오 2는 다소 올드한 음악이 방송되고, 라디오 3은 클래식 음악 중심이다. 라디오 4는 뉴스, 시사, 인터뷰 등이 방송되고, 라디오 5는 주로 스포츠가 방송된다. 내가 주로 듣는 라디오는 라디오 4이다.

틀어놓고 보는 것도 나쁘지 않다. 하지만 그게 습관이 되면 들을 생각을 안 하고 자꾸 자막을 볼 생각을 하므로 영화에 몰입하기가 어렵다. 영화에 몰입하지 않으면 어떤 맥락에서 어떤 말이 나왔는지, 특히 등장인물이 어떤 말을 할 때 사용한 톤, 피치, 인토네이션 등을 정확히 따라 하기 어렵다. 한편, 들으면서 될 수 있는 대로 따라 말해보는 것도 좋다. 거기서 한 발 더 나간다면 좋아하는 영화 대본을 구해 영화 전체를 들으며 따라 말해보는 연습을 하는 것도 영어 듣기 실력을 늘리는 데 큰 도움이 된다.

❸ 스마트한 영어 말하기 실력 늘리기 비법

20년 전 얘기다. 영국 시골에서 영어연수를 할 때다. 겁도 없이 12주 만에 나의 영어를 완성하겠다는 야심찬 계획을 세웠다. 첫 4주는 홈스테이를 했다. 어학원에 가기 전에 주인집 영국 할머니와 모닝 커피로 하루를 시작했다. 그다음 4주는 저녁 식사 때 여러 사람과 식탁에 둘러앉아 왁자지껄하게 밥 먹으며 하루를 마감하는 큰 하숙집에서 살았다. 마지막 4주는 혼자 살았다.

12주 만에 영어를 완성하기 위해 8주차부터는 오전에 A 어학원을 가서 수업을 받고, 오후에는 근처 B 어학원을 다녔다. A 어학원에서 배운 내용을 B 어학원에서 연습하고, 그 반대로도 해봤다. 한국어는 거의 사용하지 않았고, 될 수 있으면 영국사람이나 다른 나라 사람들과 어울려 영어를 최대한 많이 사용하려고 노력했다.

이런 식으로 하면 영어가 초급 후반 단계까지 급격히 는다. 특히 말하기가 는다. 종일 영어로만 떠들기 때문에 꿈도 영어로 꾼다는 속설을 직접 체험하기도 한다. 하지만 이런 방식으로는 아무리 해도 영어 실력이 중급 초반 단계에서 정체된다. 그런 한계를 느낄 즈음 뭔가 특단의 조치가 필요하다. 나는 런던행을 택했다.

런던에는 사설어학원에서부터 전문대부설어학원, 대학부설어학원까지 다양한 형태의 어학원이 존재한다. 어학원마다 수업료가 다를 뿐 아니라 시간대에 따라 가격도 다르다. 1주일 무료 수업을 제공하는 곳도 많다. 런던으로 이사한 다음, 1주일 무료 수업을 제공하는 곳을 섭렵했다. 어학원 투어가 끝날 즈음 전문대 부설어학원 오후 과정을 신청했다.

내가 전문대부설어학원 오후 과정을 선택한 이유는 두 가지다. 첫째, 많은 학생이 오전에는 어학원에 다니고 오후에는 아르바이트를 한다. 따라서 오후반에 가면 학생들이 몇 명 없어서 영어 원어민 강사와 더 많이 얘기할 수 있다. 둘째, 학생 유치를 위해 어학원은 오전반보다 오후반 수업료를 낮게 책정하는 경향이 있었다.

당시 내 오후반 선생님은 깐깐한 영국 할머니였다. 그 영국 할머니는 한국에서 온 나를 처음에는 조금 무시하는 듯했다. 같이 수업 듣는 일본인 여학생에게는 상냥했고, 그 일본인 여학생이 말할때는 매우 신중하게 귀를 기울렸다. 영국에서 영국 사람들을 만나면 그냥 우리나라를 싫어하는 영국 사람들이 있는데, 그런 사람 중 한 명인 것 같았다. 하지만 오후반에 등록하고 나오지 않는 학생들이 늘어나 나와 1:1 수업을 하는 날이 자주 생기자, 나까지 안 나오면 자기 일자리가 없어질까 봐 영국 할머니는 많이 친절해졌다. 덕분에 내가 싫어도 말을 많이 해야 했고, 그 할머니는 최선을 다해 내가 기분 상하지 않는 범위에서 나의 영어를 향상시켜줬다.

어느 시점이 되어 전문대부설어학원에서 대학부설어학원으로 옮길 때, 그 영국 할머니는 눈물을 흘렸다. 그동안 나하고 정이 들어서 정말 잘 됐으면 하는 마음에서 눈물을 흘린 것인지, 아니면 자기 일거리가 없어져서 눈물을 흘린 건지 잘 모르겠다.[*]

일반 영어는 어느 정도 됐고, 학술 영어로 변화시킬 필요가 있었다. 전문대부설어학원보다 대학부설어학원이 학비가 더 비쌌다. 굳이 학비가 비싼 대학부설어학원으로 옮긴 또 다른 이유는 그 대학의 강의를 청강할 수 있고, 무엇보다도 대학 도서관과 어학실을 무료로 사용할 수 있었기 때문이었다. 한국으로 돌아갈 날이 얼마 남지 않았기 때문에 또 한 번 영어를 획기적으로 늘리는 방법을 찾아야 했고, 말하기도 늘려야 했다. 내가 한 방식은 어학실에서 목청이 터져라 영국인이 말하는 걸 그대로 따라 하는 방식이었다. 교재를 선택할 때 실제 영국인이 사용하는 영어로 만든 교재를 찾아 테이프를 듣고 크게 그대로 따라 하였다.[**]

---

[*]   다수의 연구에서도 엄마와 얘기를 많이 나눈 아이의 우리말 실력이 높다는 건 정설이다. 영어도 마찬가지다. 개인적인 경험이지만, 여건이 허락한다면 영어도 1:1 교습이 가장 효과가 좋다. 100% 맞춤형 교육인데 말이 늘지 않으면 이상하지 않나.

[**] 영국은 한때 해가 지지 않는 나라로 불릴 만큼 수백 년 동안 여러 식민지가 있었고, 영어를 가르치기 위한 다양한 교재와 교수법이 발달해 있다. 앞서 옥스퍼드 리딩 트리를 최고의 교재로 추천한 이유는 바로 아이들이 실생활을 그대로 교재로 옮겨놨기 때문이다. 즉, 어떤 인위적인 상황을 설정하여 인위적인 표현을 교재 개발자가 인위적으로 만

이 방식은 나중에 영어교육 박사학위를 하며 접하게 된 중국에서 한 때 유행한 크레이지 잉글리시 방식과 새도윙을 섞은 방식이었다. 돌이켜 보면 내 영어 말하기의 기본이 그때 거의 완성되었다.

영어든 한국어든, 언어는 많이 자주 사용할수록 늘고, 많이 자주 사용하지 않으면 준다. 영국에서 영어를 배울 때 집에 돌아와서는 책상 위에 종이컵을 하나 올려놓고, 특정 상황을 설정하고 그 컵과 말하기 연습을 매일 했다. 말하기는 실제 입으로 소리를 내어 말을 해야 늘기 때문이다. 한국에 돌아온 후에도 국제학술대회에서 발표하기 전에는 집에서 연습할 때 비슷한 상황을 설정하고 연습을 한다. 최근에는 새로 구입한 VR기기를 통해 국제학술대회 발표 연습을 한다.* 말하기는 무조건 말을 해야 는다.

들어 학습하게 하는 것이 아니라 실제 살면서 일어나는 일을 자연스럽게 교재화하였기 때문에 내용과 영어 표현 자체가 실제적이다.

* 아직은 완벽하지 않지만 내가 구입하여 사용하는 VR 기기다. 아무도 없고, 아무것도 없는 것을 혼자 머릿속에서 상상하며 발표하는 것보다, 조잡한 그래픽이지만 그래도 뭐라도 보면서 연습하면 조금 도움이 된다. URL: https://virtualspeech.com

4 스마트한 영어 읽기 실력 늘리기 비법

우리나라에서 영어 읽기란 통상 영어 시험에서 제시된 영어 지문을 읽고 답을 고르는 것으로 통한다. 뭔가 이상하지 않나? 지문을 읽고 내용 불일치 답을 골라내고, 빈칸을 추론하고, 내용과 무관한 문장을 골라내고, 글의 순서를 원문에 나온대로 찾아내야 한다. 일반적으로 일컫는 읽기^{reading}의 의미와는 매우 다른 기이한 모습이 우리나라에서는 매우 자연스럽다. 이런 현상은 대학에 진학한 다음, 대학 영어 시간에 이루어지는 읽기 평가도 크게 다르지 않다. 사실 뭔가를 읽었으면 그것에 대해 말하거나 쓰는 기회가 주어지고 토론하는 시간이 이어져야 하는데 우리나라에서는 그렇지가 못하기 때문이다.

나는 1997년 3월 영국으로 떠나며 우리나라에서 배웠던 영어는 김포 공항에 다 버려버리고 영어의 본고장에서 12주 만에 영어를 완성하겠노라고 기세 좋게 외쳤다. 하지만 외국어를 12주 만에 완성하겠다는 계획은 말그대로 계획에 불과했다. 특히 읽기는 단순히 표면적으로 드러난 언어적인 영어-우리말 번역만으로 되는 것이 아니었다. 뜬금없이 **말한다**는 표현을 쓰는데, 말도 그렇지만 글은 글에 나타난 의미의 앞뒤 연결과 어떤 상황에서 그런 말이 나왔는지 행간의 의미를 파악하고 이해하는 게 핵심이다.

맥락을 이해하기 위해서는 사회 전반에 걸쳐 여러 현상이 어떻게 돌아가는지를 알고 있어야 한다. 특히 내가 영국에서 어렸을 때부터 살지 않았기 때문에 영국 사회와 문화에 대해 15살짜리 영국 아이보다도 모른다. 그 아이가 영국에서 태어나서 15년을 산 시간만큼의 지식과 경험을 성인인 나는 책을 통해 빨리 따라잡아 신문을 읽어도 기사에서 언급한 특정 단어가 무슨 의미인지를 비로소 이해할 수 있다. 그래서 내가 영국에서 했던 일은 영국 역사 관련 영화, 다큐멘터리, 역사책, 상식책 등을 즐겨 본 것이다.

필사는 아는 사람들은 아는 영어 잘하게 하는 비법이다. 잘 쓴 글을 그대로 따라 쓰다 보면 글쓴이를 느낄 수 있다. 간혹, 글쓴이가 왜 이 부분에서 이 단어를 사용했는지에 대한 궁금증이 생기고 그 단어에 대해 더 찾아보게 된다. 수학 문제를 풀 때 뒤에 답을 보고 풀이 과정을 대충 맞춰가며 문제를 푸는 것과 몇 날 며칠을 고민하다가 어느날 자고 일어났더니 뜻밖에 답을 알게 되는 경험을 한 사람은 내가 무슨 말을 하는지 알 것이다. 읽기도 마찬가지다. 단순히 누가 쓴 글을 영어에서 우리말로 번역한다고 읽기를 한 게 아니다. 영어로 써진 글을 글쓴이가 되어 왜 이 단어를 사용하였고, 왜 이런 구조로 글을 썼는지 양적 읽기가 아니라 질적 읽기를 훈련해야 한다. 그럴 때 유용한 방법이 필사다.

몇 줄 정도의 명문장은 암기하고, 긴 명문이나 연설문 같은 건 반드시 필사하는 습관을 들이면 영어 읽기 실력이 한 차원 다른 수준으로 발전하는 것을 느낄 수 있다. 참고로 미국 대통령 중 가장 위대한 대통령으로 꼽히는 에이브러햄 링컨은 가난한 가정에서 태어났다. 공부도 주로 독학으로 했지만, 나중에 변호사가 되고, 주의원이 되고, 하원의원이 되고, 최종적으로 대통령까지 된다. 잘 알려져 있는 것처럼 그가 이룬 업적 중에서 인류에 큰 영향을 끼친 것이 바로 노예 해방이다. 링컨 대통령은 달변가로 유명했는데, 그는 변호사 시설부터 늘 셰익스피어의 문학 작품을 펴놓고 문장을 하나씩 읽어가며 자신의 것으로 소화했다. 물론, 그러한 능력이 링컨 대통령의 아주 강력한 무기였다는 것을 우리는 그가 이룬 업적에서 확인할 수 있다.*

---

* 속담, 명언, 명문장, 명시를 외워서 말하면 갑자기 나를 보는 눈빛이 달라진다. 특히 유명한 영시 하나 정도를 외워서 낭독해보라. 사람이 얼마나 고급스러워 보이는지 모른다.

5 스마트한 영어 쓰기 실력 늘리기 비법

2002년 11월부터 월간조선 영국 통신원으로 월간조선 통신원칼럼에 「정채관의 영국이야기」 칼럼을 썼다. 귀국 후에는 월간조선 전문가칼럼에 「정채관의 영어 & 영국이야기」 칼럼을 썼다. 2013년 10월부터 월간조선과 주간조선이 하나가 되며 출범한 시사 미디어 그룹인 조선뉴스프레스에서 「정채관 박사의 영어 & 영국이야기」 칼럼을 계속 썼고, 지금은 매일경제에 「정채관 교수의 영어 & 영국이야기」 칼럼을 쓰고 있다. 영국 유학생 시설 통신원칼럼으로 시작하여 전문가칼럼까지 근 20년가량 내 이름을 걸고 수백 편에 달하는 칼럼을 썼다.

내가 공개적으로 칼럼을 쓴 이유는 내가 아는 지식, 정보, 경험, 생각 등을 나누자는 취지도 있지만, 개인적인 이유도 있다. 영국에 있을 때는 우리말을 잊지 않기 위해서였고, 귀국한 후에는 우리말을 더 잘 쓰기 위해서이다. 영국에 살면서 영어를 많이 자주 쓰지 않고 살 수 있다. 우리말은 더더욱 그렇다. 우리나라에 살면서 우리말을 많이 자주 쓰지 않고 살 수 있다. 영어는 더더욱 그렇다.

영어든 우리말이든, 영국에 살든 우리나라에 살든, 내가 특정 기술에 숙달하기 위해서는 의도적으로 꾸준히 그 기술을 연마해야 한다. 독일 슈투트가르트 발레단 수석 발레리나이며, 우리나라 국립발레단 단장을 역임한 강수진 발레리나의 발 사진을 기억하는 사람들이 많다. 타고난 신체조건을 바탕으로 이뤄낸 것이 아니라 열정과 노력으로 이뤄낸 쾌거다. 영어 쓰기도 마찬가지다. 영어 쓰기를 잘하는 방법은 하루도 쉬지 않고 뭐라도 영어로 쓰는 것이 기본이다.

나는 우리말 쓰기 연습을 위해 공개적으로 내 이름을 건 칼럼을 썼다. 이름을 걸기 때문에 긴장할 수밖에 없다. 인터넷에 한번 쓰면 내가 죽고 나서도 남는다. 내 후손들이 본다. 원래는 일주일에 한 편을 쓰는 것을 목표로 했다. 한 편의 칼럼을 쓰기 위해 일주일을 고민하며 쓰고, 쓴 칼럼을 출력해서 큰 소리로 읽으며 퇴고하고, 수정하고 다시 퇴고하는 과정을 반복했다. 한 번 칼럼이 나가면 다시 수정할 수 없다는 생각에 더 집중해서 칼럼을 썼다. 내가 쓴 칼럼을 출력해서 커피숍이나 지하철이나 버스 안에서도 읽어본다. 장소를 바꿔가며, 다양한 상황에서 글을 읽는 사람의 관점에서 글을 다시 읽고 다듬는다.

영어로 이메일을 쓰더라도 항상 MS Word에서 쓴 다음 다시 읽어본다. 중요한 이메일은 출력해서 큰 소리로 읽으며 검토한다. 영어로 논문을 쓸 때도 마찬가지다. 물론 이렇게 중요하게 다뤄줄 때가 아니라면 아마존, 이베이 등 해외 온라인 장터에서 직구한 물건 상품평을 영어 쓰기 연습 삼아 쓰기도 한다. 인위적으로, 무엇이든 항상 쓰는 것이다. 중요한 건 단순히 영어로 끄

적거리고 마는 게 아니라 어떻게 쓸 것인지를 고민하고 생각하며 쓰고, 쓰고 난 후에는 항상 출력해서 다시 소리를 내 읽으며 수정하는 것이다. 이 과정을 되풀이하다 보면 영어로 잘 쓸 수 있다. 글이란 시작이 어렵지, 쓰면서 고쳐가면 된다. 물론 나중에는 처음 썼던 글과는 완전히 다른 모습을 할 때가 많다.

6 영어는 선생님을 잘 만나야 는다

　뭔가를 배울 때 모든 것이 그렇듯 선생님을 잘 만나야 뭐든 잘
는다. 영어도 마찬가지다. 선생님을 잘 만나면 아주 재미있게 영
어를 배운다. 반대로 선생님을 잘못 만나면 영어를 싫어하게 된
다. 선생님을 잘 만나면 단순히 영어라는 언어를 배우는 것을 넘
어 더 넓은 다른 사회, 문화, 경제, 정치, 그리고 사람을 배울 수
있다는 게 내 지론이다. 나는 그것을 영국에서 깨달았다.[*]

　영국에서 어학연수를 하며 다양한 영어 선생님을 섭렵하였다.
이후 대학과 대학원을 다니며, 단순히 영어를 배우는 것이 아닌
공부와 연구를 하며 다양한 선생님을 섭렵하며 차츰 나도 선생
님이 되었다. 귀국한 후에 한국교육과정평가원을 다닐 때였다.
영어를 하도 안 써서 영어 실력이 줄어드는게 눈에 보였다. 우연
히 한국에 있는 원어민과 얘기를 나눌 기회가 있었는데 내가 보
기에도 민망할 정도로 버벅거렸다.

　직장 동료 연구원 몇 명과 매주 수요일마다 새벽에 영어 원어

---

[*]　이렇게 말하니 중학교와 고등학교 때 내 영어 선생님들이 머쓱해지실
　　수도 있겠다. 한국에서 학교를 다니며 배운 영어와 내가 영국 유학을
　　하며 배운 영어에는 다소 차이가 있다. 전자가 영어 성적과 대학 입학
　　을 위한 시험 대비 영어라면, 후자는 유학과 생활을 위한 영어라는 차
　　이가 있다.

민 강사와 함께 영어 수업을 하는 자리를 만들었다. 수업 방식은 영어 발표 및 토론이었다. 몇 차례의 시행착오 끝에 수업 시작하기 전 우선 1분 스피치를 하였다. 남들보다 아침 일찍 먼저 출근하여 적지 않은 수업료를 지불하는데, 영어로 충분히 떠들지도 못하고 가면 억울했다. 그래서 영어로 한 마디도 못하고 가는 사람이 없도록 최소 1분 동안 자기 얘기를 하는데 합의하였다.

1분 스피치 시간인 1분 동안 각자가 관심있거나 요즘 각자가 하는 연구에 대해 영어로 말한다. 몇 주 후 국제학술대회에서 기조연설자를 영어로 소개해야 하는 연구원이 1분 스피치 시간에 영어로 기조연설자를 소개하는 연습을 하였고, 논문을 투고하는 연구원은 남들 앞에서 자기가 쓴 영어 초록을 소리내어 읽었다. 어떤 연구원은 몇 달 동안 해오던 일을 영어로 설명하며 중간에 어떤 표현이 더 적절할지를 함께 고민하였다.

그 자리가 아니고서는 누구와 영어로 얘기하기 어려울 것 같은 것에 관해 영어로 말하며 순간순간 부족한 것이 무엇인지 깨닫고 부끄러워하였다. 그리고 배워나갔다. 우리끼리도 할 수 있었지만, 분위기를 잡기위해 영어 원어민 강사와 함께했다. 하지만 매주 수요일마다 새벽에 영어 수업을 하며 원어민 선생님을 세 번 교체하였다. 우리나라 정서상 선생님을 중간에 바꾸는 일은 쉽지 않다.

하지만 개인적인 사정으로 첫 번째 원어민 선생님이 그만두었고, 두 번째 원어민 선생님은 참여자의 만족도가 충분하지 못하다는 의견이 제기된 이후 교체되었다. 연구원들이 수요일 이른 새벽에 모이는 목적은 간단했다. 일주일에 한 번이라도 영어로 떠들고, 그러한 과정에서 우리에게 부족한 언어적인 부분을 도와줄 사람이 필요하였다. 세 번째 원어민 선생님은 그러한 역할에 충실하였다.

지금 생각해도 중간에 우리의 요구에 부합하지 않은 원어민 선생님을 교체한 건 잘한 판단이라고 생각한다. 처음 영국에서 어학연수를 할 때 좋은 선생님을 만났다. 하지만 레벨이 올라서 다른 선생님 영어 수업을 들으며 참 못 가르친다는 생각이 들었다. 당시 나는 12주 만에 영어를 정복하겠다는 망상에 빠져있을 때라서 시간이 아깝다는 생각이 들었고 그 반을 나와 좋은 선생님을 찾았다.

중이 절이 싫으면 떠나라고, 나는 지금도 영어 학원을 가게 돼서 좋은 선생님이 아니라고 판단되면 바로 박차고 나올 것을 권한다. 그렇지 않으면, 지루한 수업을 들으며 시간낭비를 하게 될 것이고, 차츰 학원에 안 나갈 핑계거리를 찾는다. 그리곤 늘 그랬던 것처럼 '하다 보니 뭐가 좀...'이라고 말 끝을 흐릴 것이고 학원을 나가지 않게 된다. 당연히 영어 학습을 하지 않게 된다. 어디서 많이 듣던 스토리 아닌가?

7 영어는 유지하는 게 더 어렵다

2011년 3월 서울대학교 교수학습개발센터에서 선임연구원으로 일을 시작하였다. 내가 살던 부천시 신중동에서 직장인 서울대학교까지 마을버스, 1호선, 2호선, 서울대 셔틀버스를 갈아타며 출퇴근하였다. 그렇게 몇 달을 버티다 도저히 힘들어서 안 되겠다 싶어 결국 자동차를 샀다. 문제는 자동차를 산지 얼마 안 되서 서울시 정동에 있는 한국교육과정평가원으로 이직하게 된 것이다. 차를 가지고 그 복잡한 정동까지 출퇴근 할 엄두가 나지 않았다. 그래서 버스 타고 출퇴근하다보니 자연스럽게 자동차는 지하 주차장에 세워놓게 되었다. 그러다가 언젠가 어딜 좀 급하게 가야해서 오랜만에 차에 시동을 걸었다. 차가 쿨럭 거리며 괴로워하였다. 필요할 때만 쓰고 돌봐주지 않았다고 마치 앙탈을 부리는 것 같았다. 간절히 기도하며 몇 번을 시도한 끝에 간신히 시동이 걸렸다. 가끔 밖으로 데리고 나가 배터리를 충전해주고 했어야 했는데... 괜히 미안한 생각이 들었다.

영어는 안 쓰면 안 는다는 게 내 지론이다. 영어는 우리말과 달리 인위적으로 입력(듣기, 읽기)해주고 출력(말하기, 쓰기)해주지 않으면 소리 소문도 없이 사라진다. 어릴 때 엄마 품에서 가슴으로 배운 우리말은 몸이 기억하기 때문에 오랜 시간이 지나도 조금만 연습하면 다시 할 수 있다. 하지만 머리로 배운 영어는 정기적으로 기름칠해주지 않으면 방전되거나 녹슬어버린다. 영어가 필요한 결정적인 순간에 꺼내 쓰려 해도 기억이 잘 나질 않는다. 나이가 들수록 이 증상이 더 심해진다.

그렇다고 내가 영어를 아예 안 쓰고 사는 것도 아니다. 영어로 강의하고 논문을 쓰고, 국제 학술대회에서 영어로 발표하고, 국제 학술지 편집위원장이라서 영어 이메일도 자주 쓰는 편이다. 여유가 있으면 해외에서 직구한 물건에 대한 코멘트도 영어로 쓴다. 내 컴퓨터 인터넷 브라우저의 첫 화면은 영국 BBC 뉴스의 교육 분야이다. 하루에도 영국 BBC 뉴스 홈페이지를 자연스레 몇 번 봐야 한다. 사실 가끔 일부터 인터넷 브라우저를 새로 열기도 한다. 강의 준비와 연구를 해야 하니 영어 논문과 책을 계속 보긴 한다.

요즘 드는 생각은 눈으로 읽는 것은 어느 정도 할당량을 채웠을지 모르지만, 입으로 말하는 출력 할당량은 충분하지 못했던 것 같다. 입이 굳고, 혀가 굳어간다는 위기감이 든다. 아침에 출근해서 구글 어시스턴트에게 Hey Google 하며 말을 건넨다. 혼자 아침에 5분 정도 영국 BBC 뉴스를 큰 소리로 읽는다. 영어는 안 쓰면 안 는다. 당연한 말 같지만, 그 당연한 것을 안 하고 영어가 항상 예전 상태이기를 바라는 건 도둑님 심보다. 차를 몇 달 동안 내버려 두면 당연히 배터리가 방전되어 시동도 안 걸린다. 특히 오래된 차는 몇 달이 아니라 1주일만 내버려 둬도 그렇다. 너무 당연한 말인가?

8 영어전문가 조언(7)

초등학교 교사인 윤서인 교사에게 본인의 영어 학습 경험과 우리 딸이 초등학생이 되면 해줄 수 있는 조언을 요청하였다. 참고로 윤교사는 서울교육대학교 영어교육과를 졸업하고, 서울시교육청 초등교사임용시험에 합격하였다. 이후 신상도초등학교 등을 거쳐 현재 서울시교육청 교육연구정보원에 재직 중이다.

윤교사는 초등학생의 경우 흥미가 중요한 것 같아요. 지속적인 흥미 유지가 초등학생에게는 관건이라며, 개인적인 **경험**을 바탕으로 효과가 있었던 몇 가지 방법을 소개해 주었다.

윤교사는 초등학교 때부터 영어에 관심이 많았고, 음악 듣는 걸 좋아하였다. 초등학교 때부터 **팝송을 영어로 반복적으로 듣고 가사 받아 적기**를 하였다고 한다. 비록 어린 나이였지만 이미 영어 교수학습법에서 말하는 딕테이션^{Dictation}을 초등학생 때부터 했다는 얘기다.*

이때 팝송의 내용이나 가사 수준이 문제에요. 저는 시중에 출판된

---

* 받아쓰기는 영어의 축약(e.g. I've, We'd, He's 등)을 학습하는 데도 좋다. 즉, He's는 He is의 축약일 수 있고, He has의 축약일 수도 있다. 받아쓰기를 하며 문장 구성에서 's의 용법이 어떻게 사용된 것인지를 파악해야 제대로 된 문장을 받아 적을 수 있으므로, 받아쓰기는 단순히 음성을 문자로 적는 연습에 추가하여 어법을 학습하는데도 유용하다.

영어공부용 팝송 책을 사서 음악을 먼저 쭉 들어본 다음, 마음에 드는 곡을 골라 우리말 해석을 보고 가사 내용이 괜찮은 곡을 선택하였어요. 그다음에는 가사를 보지 않고, 음악을 들으며 영어 가사 받아 적기를 반복하였어요.

영어책과 오디오 북이 같이 나온 것을 사서, 오디오 북을 들으며 책을 읽었다는 부분은 자기 발음이 좋지 않아 아이에게 영어책 읽어주기를 주저하는 부모에게 적극 추천한다. 내가 아는 어떤 교수도 비슷한 처지였는데, 아이들을 위해 오디오북을 사서 들으며 눈으로 책을 읽는 방식을 시도하였고, 그 결과가 의외로 좋았다고 하였다.

윤교사는 EBS 영어회화 방송을 추천하였다. 저는 학생용이 아닌 일반 성인을 대상으로 하는 영어회화 프로그램을 주로 봤어요. 초등학생용이 아니므로 주제와 내용이 다양했어요. 물론 EBS이기 때문에 성인 대상 영어회화라고 할지라도 방송 주제와 내용이 건전해요. 특히 실생활에서 바로 사용할 수 있는 영어 표현을 습득할 수 있어서 유용했던 것 같아요.

한편, 윤교사는 학생들에게도 학원에 의지하지 말고 본인이 스스로 할 수 있고, 좋아하는 방법을 찾는 게 중요하다고 강조했다. 초등학교 때 영어에 대한 흥미를 읽게 되면, 그 후에 영어에 대해 다시 흥미를 느끼기 매우 어렵다면, **실제 학생들이 학원에 지쳐 영어를 싫어하게 되는 경우를 많이 봤다**며 안타까워했다. 말을 물가로 데려갈 수는 있어도, 강제로 물을 먹일 수는 없다는 말이 괜히 나온 게 아니다.

개인적으로 **성실하다**는 말을 선호하지 않는다. 졸업식 때 개근상 타면 성실하다고 한다. 회사에서 면접 볼 때 학점이 높으면 성실하다고 한다. **성실하다**는 말이 나쁘다는 게 아니다. 성실한 사람은 대체로 착실하고 주어진 환경에 충실하다. 문제는, 다른 생각을 잘 안 하려고 하는 경향이 있다는 것이다. 다른 생각은 성실을 위협하기 때문이다. 성실한 고등학생이 성실히 공부해서 성인인 대학생이 되고 난 다음에도 **이제 뭘 해야 하나요?**라며 성실하게 묻는 게 이상해 보이지 않는다.

부지런하다는 건, 성실을 기본으로 하고 자신이 원하는 것을 이루기 위해 이곳저곳 직접 발품을 팔아 다니며 사고의 폭을 넓혀가는 것이다. 누가 시키는 것만 하는 게 아니라, 내가 원하는 것을 이루기 위해 내가 처해 있는 환경에서 인적 네트워크를 넓혀가며 개방적 사고로 다양한 생각을 하려 노력한다. 정윤나 교사가 그랬다. 기본적으로 뭐든 빨랐다. 컴퓨터는 나보다 더 잘 다룰 뿐 아니라, 하나를 얘기하면 두세 개를 답했다.

정교사는 고려대학교 영어영문학과를 졸업하고 연세대학교 교육대학원에 입학하기 전까지 다른 길을 찾아보기도 하였다. 오히려 그런 경험이 중등 영어교사 임용고시를 준비할 때 분명히 도움 되었을 것으로 생각한다. 정교사는 부지런하였다. 교육대학원에서 학위 논문을 쓰며 연구한 것을 한국영어학회 연례학술대회에서 발표하였을 뿐 아니라 그 와중에 중등학교 임용시험을 준비하였다. 정교사는 졸업도 하기 전에 중등 영어교사 임용고시에 당당히 합격하였고, 현재는 중학교 교사로 재직 중이다. 정교사에게 우리 딸 영어교육 방법에 대해 조언을 구했다.

정교사는 저는 초등학교 이전에는 영어 공부를 거의 안 했어요. 물론 간단한 알파벳 같은 건 알았지만, 초등학교 3학년 때 학교에서 처음 영어를 배웠어요. 초등학교 4학년 때 처음 동네 학원을 가봤는데 크게 도움이 안 됐던 것 같아요라고 밝혔다. 초등학교 입학 전에 선행학습을 하지 않았다는 얘기는 매우 신선했다.

중학교 1학년 때 교포 선생님으로부터 영어 과외를 받았는데, 선생님은 학생이 좋아할 만한 소재가 담긴 교재로 수업했어요. 선생님이 직접 읽은 것을 녹음해서 들려줬는데, 녹음한 것을 들으며 따라 읽게 하고, 내가 읽는 것을 녹음해서 다시 듣게 했어요. 수업 시간에 배운 것에 대해 간단한 에세이를 쓰게 했고 피드백을 받았다며, 정교사는 이 수업이 상당히 도움된 것 같다고 회상하였다.

단순해 보이는 수업 활동이지만, 중학교 단계에서 매우 효과적인 수업이다. 우선 교재 측면에서 기존의 교재를 사용하지 않고 학생이 좋아하거나 관심을 가진 내용을 교재로 수업하였고, 기존 교재를 사용하지 않다보니 오디오 자료가 없으므로 본인이 직접 녹음하여 들려주고, 학생도 따라 읽게 하며 그것을 녹음한 것을 다시 들려줌으로서 선생님과의 발음, 유창성, 속도 등과 비교하여 어느 정도 수준인지를 학생이 직접 인식하도록 하였다.

또한, 수업 내용을 스스로 정리하여 쓰도록 한 것은 수업의 집중도를 높이고 수업을 통해 입력한 내용을 출력하는 연습까지 하는 것이다. 이때 단순히 글을 쓰는 것이 아니라 스토리를 요약하는 힘을 기르게 된다. 그러한 과정을 통해 학생은 스스로 부족한 것이 무엇인지, 글을 쓰면서 정확한 표현을 위해 필요한 문법과 어휘가 무엇인지 스스로 고민하고 필요한 것을 찾아 깨닫게 하는 것이다.

정교사에게 영어를 좋아하게 된 계기를 물었다. 중학생 때 해외 외국인 친구와 이메일을 주고받으며 친구를 사귀는 이팔e-pal을 하고, 인터넷으로 영어 소설책을 주문하면서부터인 것 같아요. 해외에 있는 외국인 친구를 사귀고 싶어서, 사이버 외교사절단 반크에 참여했는데, 우리 문화를 소개하는 이메일을 외국인 친구와 주고받으며 영어를 더 열심히 했던 것 같아요. 역시 배운 것을 실제 활용하지 않으면, 힘들게 배운 것도 사라진다.

당시 미국 하이틴 소설, 「스위트 벨리 주니어 하이」시리즈가 유행이었어요. 처음에는 이 소설을 한글로 읽었는데, 다음 시리즈가 우리나라에서는 번역 출간이 되어있지 않았어요. 그래서 아마존을 통해 인터넷으로 미국에서 직접 책을 주문해서 읽었어요. 이후 한동안 영어 원서 읽는 재미에 빠져 계속 아마존을 통해 영어 원서를 주문해서 읽었는데, 이게 영어 독해에 큰 도움이 된 것 같아요. 자기주도학습이 본 궤도에 올라서 자가발전을 하는 모습의 전형이다.

원서 읽기와 관련해서는 내가 영국에서 유학할 때 만났던 어떤 선배의 큰 아이도 비슷하였다. 그 선배가 유학을 마치고 우리나라로 돌아온 후에도 아이는 영국에서 읽던 해리포터 시리즈를 계속 읽었다. 그러다 중학생이 된 후에는 과학에도 관심을 갖기 시작하였고 천체, 물리, 화학 등 다양한 분야의 원서를 읽더라는 것이다. 비슷한 상황에 있는 부모를 위해 한 가지 팁을 주자면, 이때 책의 수준이 중요하다. 아이가 중학생 정도이면 대학교에서 사용하는 전문 서적보다는 영국의 고등학교에서 사용하는 수준 정도의 교재를 권하거나 관련 청소년 대상 잡지를 인터넷으로 직구하거나 인터넷에서 출력해서 아이에게 주는 것도 좋다.*

한편, 정교사는 누가 억지로 시키는 건 보다, 외국인 친구를 사귄

---

* 영국 고등학생 정도가 읽는 수준의 다양한 분야의 교재는 영국 이베이(http://www.ebay.co.uk)나 영국 아마존(http://www.amazon.co.uk)를 통해 새 책이나 중고 책을 구입할 수 있다. 개인적으로 영국 이베이를 추천한다. 영국 이베이에 있는 판매자 중에는 국제택배 서비스를 제공하지 않는 판매자도 간혹 있다. 이럴 때는 당황하거나 좌절하지 말고 배송대행서비스를 활용한다. 배송비를 아끼기 위해 주소지를 영국으로 하여 한 번에 중고 책을 받는 것도 한 가지 팁이다. 어떤 배송대행서비스를 사용할 것인지는 구글이나 네이버에서 UK 배송대행서비스를 검색하면 다양한 서비스 업체가 나온다.

다거나 본인이 좋아하는 책을 본다거나 하는 목적이 있어야 동기도 생기는 것 같아요라며, 우리 딸이 좋아할 만한 것을 여러 가지 알려주고 우리 딸이 좋아하는 것을 중심으로 우리 딸 스스로 꾸준히 영어를 접할 수 있도록 지원해주는 게 중요하다고 제안했다. 맞는 말이다. 우리는 늘 그런 말을 듣지 않는가? 거듭 반복하지만, 말을 물가로 데려갈 순 있어도, 말에게 억지로 물을 먹일 수는 없다.

영어는 영어를 모국어로 사용하는 영국, 미국 등에 사는 영어 원어민 이외에도 독일, 프랑스, 중국, 인도네시아 등에 사는 사람들과 소통할 수 있는 중요한 국제공용어이다. 우리 딸이 고등학생이 되어 영어 학습을 할 때 학원이나 영어를 따로 접할 수 있는 기회가 상대적으로 적은 지방이라는 핸디캡을 극복할 방법이 궁금했다.[*]

인천 인제고등학교에 재직 중인 현직 영어교사 김태국 교사에게 미래의 우리 딸에게 해주고 싶은 조언을 구했다. 참고로 김

---

[*] 김박사에게 이 질문을 했을 때는 우리 가족이 지방에 살고 있을 때다. 당시 나는 공공기관 지방이전정책에 따라 가족과 함께 지방으로 이사를 하였고 다른 대안이 없다면 계속 그 지역에 살 것이라는 생각을 하고 있을 때다. 수도권에 비해 상대적으로 영어교육 여건이 열악한 곳에 있는 부모에게 도움이 될 수도 있을 것이라는 판단에서 김박사의 조언을 이 책에 포함시켰다.

교사는 연세대 교육대학원 영어교육전공 우수 논문상을 받았고, 인하대에서 영어교육학 박사학위를 2년 3개월 만에 받은 입지전적인 교사다(이하, '김박사').

지역적 한계에 관해 김박사는 인터넷이나 기타 미디어의 발달로 시골이나 도시나 큰 차이는 없을 것 같아요. 사실 물리적으로 아이가 어디에 있는 게 중요한 것이 아니라 아이가 집 안에서 어떤 환경에 있는지가 중요한 것 같아요. 따라서 지역적인 문제는 그리 큰 장애가 되지 않을 거에요라고 하였다. 김박사는 어느 지역에 사는 게 문제가 아니라, 아이가 어릴 때 영어를 자연스럽게 받아들이고 좋아할 수 있는 환경을 조성하는 게 더 중요하다고 강조하였다.

한편 김박사는 어릴 때는 의사소통 중심으로 영어를 배우지만, 고등학교에서는 개인적인 영어 능력 향상 못지않게 학교 영어 시험 성적에도 신경을 써야 할 것이라며 현실적인 조언을 하였다. 초등학교 다닐 때는 시험이 없지만, 내신 성적이 점차 중요하게 되는 우리나라의 교육 환경에서 학교 영어 시험도 신경 써야 한다는 데서 나온 얘기다.[*]

다년간 고등학교 3학년 학생을 가르쳤고 담임교사를 했던 현

---

[*] 맞는 말이다. 아무리 내가 우리나라 사람이라고 해도 나는 내가 수능 국어 시험에서 절대 100점을 받지 못한다고 단언한다. 받을 자신이 없다. 나는 수능 국어가 우리나라 말을 잘하는지를 평가하는 게 아니라 시험을 위한 시험이라고 생각하기 때문이다.

직 고등학교 영어교사 입장에서 보니, 수능 영어 고득점자들에게서 공통점 2개가 보였다고 한다. 그것은 바로 풍부한 어휘력과 텍스트에 대한 이해력이다.

제가 본 수능 고득점 학생들은 기본적으로 상당한 어휘 활용 능력을 갖고 있었고, 지문을 이해하는 능력이 뛰어났어요. 김박사는 어휘력을 높이고 지문에 관한 이해력을 높이는 효과적인 방법으로 독서를 제안했다. 초기에는 어휘 학습이 아니라 어휘 암기에 가까울 수도 있어요. 하지만 다양한 독서를 통해 배경지식이 많아지면, 텍스트에 대한 문해력이 높아지고 결국 좋은 영어 성적도 받을 수 있다고 생각해요.

김박사는 책을 읽으면서 멋있고 좋은 표현을 암기하고 말이나 쓰기에 직접 시도하는 것이 영어 능력을 높일 수 있는 효과적인 방법이라며, 입력이 있으면 출력을 해서 몸에 들어온 내용물을 내 것으로 만드는 과정도 중요하다고 조언했다.

김박사의 생각에 전적으로 공감한다. 기회가 없으면, 나도 어떻게든 기회를 만들어서 누구에게든 영어 이메일을 보낸다. 하다못해 온라인 해외 직구를 한 다음 상품평을 영어로라도 남긴다. 짧게 써도 될 것을 괜히 길게 쓴다. 언젠가 부터는 국내 온라인 쇼핑을 하고난 후 상품평을 영어로 남기기 시작하였다. 이런 방법의 장점은 남들이 보기 때문에, 아니면 남들은 신경도 안 쓰는데 나만 괜히 신중하게 작성한다. 사실 인위적으로라도 그런

환경을 만드는 것이다. 그래야 그러면서 한 번 더 생각하기 때문
이다. 영어는 안 쓰면, 무조건 준다.

⑦ 알려주세요, 선생님!

1. 헷갈리는 영어: 영어도 아닌 것들이 말이야!

Fiance와 fiancee는 원래 불어다. 프랑스에서 사용되던 말이 영어가 된 것이다. 이 둘 중에 어떤 게 남자인지가 가끔 헷갈린다. 결론부터 얘기하면 fiance는 남자(약혼자)이다. 그러면 e가 하나 더 붙은 fiancee는 당연히 여자(약혼녀)가 된다. 나는 남자들이 성질이 급하니 e를 어딘가에 두고왔다고 생각한다. 이렇게 하면 잘 헷갈리지 않는다.

예) M: Oh, congratulations! What is your fiance like?
W: He's very generous, and he loves me so much.

출처: 2011년도 전국연합학력평가 문제지 영어 영역

발음은 어떨까? fiance는 반드시 **피앙세**로 읽고, fiancee는 반드시 **피앙시**로 읽어야만 하는 줄 안다. 하지만 둘 다 피앙세로 읽어도 큰 문제가 없다. 즉, 스펠링은 다르지만, 발음은 같다고 봐도 누가 잡아가지 않는다. 기억하자. fiance는 **남자(약혼자)**이고 fiance와 fiancee는 발음이 **피앙세**로 해도 된다.

누구나 알고 있을 것 같은 **피앙세**를 갑자기 들고 나온 이유는 우리나라에서는 영어가 외국어이기 때문이다. 영어권 나라에서 나고 자랐거나, 부모가 원어민이라 자연스럽게 영어를 습득하는 과정을 거치지 않은 사람은 보통 중학교에서부터 집중적으로 영어를 배운다. 영어를 외국어로 사용하는 우리나라에서는 영어를 습득하는 게 아니라 영어를 학습한다.

사정이 이렇다 보니 영어권 나라에 사는 원어민이 어렸을 때 접했을 법한 일상 단어를 잘 모르는 경우가 많다. 한국어를 처음 배우는 외국인도 사정은 비슷하다. 얼마 전에 한국인 여자 친구와 한국에서 5년 넘게 산 한국어가 매우 능숙한 미국인 친구를 만났다. 그 친구는 독학으로 한국어를 배웠고 한국인 여자 친구와 살면서 한국어 실력이 늘었다고 한다. 하지만 정식으로 한국어를 제대로 배우지 않은 것 때문인지 자신의 한국어에 대한 부족함을 느꼈고, 체계적인 한국어 학습을 위해 한국어학당에 나가기 시작했다고 한다.

그 친구 하는 말이, 길이를 재는데 사용하는 **줄자**라는 단어를 최근 한국어학당에서 배웠다고 한다. 그 친구는 줄자를 쓸 일이 없어서 줄자가 뭔지 몰랐다. 영어도 마찬가지다. 줄자가 영어로 tape measure라는 것을 모르는 사람이 많다. 이 말을 안 써봤기 때문이다. 내가 fiance나 fiancee를 한 번이라도 써봤으면 알겠지만, 그리 써볼 일이 없었으면 정확히 어떻게 발음해야 할지 모를 수 있다.*

이참에 확실히 해놓자. 이 2개의 발음은 같다. 다만, 철자가 틀릴 뿐이다. 자신 있게 발음하자, '피앙세'라고.

2. 영국 문화: 화를 잘 안 내는 영국인들

↑ 사진 설명: 위 사진은 2009년 10월 12일 월요일, 영국 옥스퍼드에 있는 유니버시티 파크스 모습이다.

---

* 어린이 영어 동화책이 우리나라 부모에게 어려운 이유도 이와 같다. 어린이 영어 원서에는 어른들이 학교에서 배우지 않은 의성어나 의태어가 많은 부분을 차지한다. 또한, 어린이 영어 동화책에는 할머니도 grandmother 보다는 grammy가 사용되기도 한다. 우리나라 어린이 한글 동화책을 한 번 살펴보면, 이런 현상은 우리나라도 마찬가지다. 예를들어 우리나라 어린이 동화책에도 뿌웅~, 꾸물꾸물, 엉금엉금와 같은 의성어와 의태어가 자주 등장하고, 할머니 대신 함미라는 단어가 사용되기도 한다. 영어를 외국어로 배우는 우리 입장, 한국어를 외국어로 배우는 외국인 입장에서는 어릴 때 동화책에서 이미 배운 이런 것들을 따로 배우지 않으므로 특히 어릴 때 자연스럽게 동화책을 통해 배우는 단어들이 더 어렵게 다가올 수 있는 것이다.

나는 영국에서 박사학위 논문을 쓰는 동안 생각을 정리하기 위해 옥스퍼드에 있는 유니버시티 파크스를 몇 바퀴씩 돌았다. 저 사진을 찍은 날 오전에도 평상시와 다름없이 공원을 걷고 있었다. 그런데 공원을 세 바퀴째 돌 무렵, 아무 예고도 없이 갑자기 내 앞에 표지판과 노란색 테이프가 내가 가야 할 길을 막았다.

영국에서는 느닷없이 도로나 기차역이 임시 폐쇄되는 경우가 흔하다. 이유도 이해하기 힘들었을 때가 많다. 우리나라에서는 상상하기 어렵지만, 한번은 직원들이 다 휴가 갔다며 기차역이 닫힌 때도 있었다. 그런 일을 겪을 때마다 주위 다른 영국인들의 반응을 주의 깊게 살펴봤다.

뜻밖에 다수의 영국인은 그런 상황을 담담하게 받아들였다. 그날 그 공원에서도 예고 없이 길이 막혔는데 매우 화내는 영국인들을 찾기 어려웠다. 다들 돌아서 가던 길을 갈 뿐이었다.

물이 흐르다 막히면 흐를 수 있는 곳을 찾아 계속 흐른다. 나 역시 마찬가지였다. 막힌 길 앞에서 내가 갈 수 있는 방향을 잠시 살핀 후, 그쪽으로 계속 걸었다. 내가 공원을 한 바퀴 더 돌고 같은 자리에 오니 유모차를 끌고 나온 영국 아주머니 두 명은 거기서 다른 곳으로 갈 생각을 않고 그냥 그 옆 잔디밭에서 쉬고 있었다.

살다보면 직장이나 가정에서 예기치 못한 일이 생긴다. 만일 그것이 안 좋은 일이라면 우리는 보통 먼저 화를 낸다. 그리고 왜 하필 나한테 그런 일이 생겼는지 못마땅해 한다. 하지만 우리가 신이 아닌 이상 모든 일이 우리 뜻대로 이뤄질 수 없다. 그래서 우리는 뜻밖의 문제에 직면했을 때, 거기서 할 수 있는 최선을 방법을 찾는다.

그런 예기치 못한 상황이 벌어졌을 때, 이성적인 판단을 할 수 있느냐다. 나는 위와 같이 화를 낼 법도 한 상황에서 화를 안 내는 영국인들이 원래부터 냉정하여서 화를 내지 않았다고 생각하지 않는다. 그들이 어려서부터 받은 교육, 그리고 그 교육이 사회 전반에 녹아 문화를 이뤘기 때문에 저런 행동을 보였다고 생각한다.

영국에서 이런 일을 겪을 때마다 왜 교육이 중요한지, 왜 이들이 선진국민이 되어있는지를 생각하게 된다. 교육 받은 것이 생활화 되어 어떤 상황이 닥치면 침착하게 연습하던 대로 행동하는 것이다. 전쟁을 하다가도 **티 타임**^{tea time}을 갖고 2차 세계 대전 중에 영국 국민들에게 침착하고 하던 일 계속하라며 **킵 캄 캐리 온**^{Keep calm, carry on} 포스터를 만들어 이곳저곳에 붙여놓은 것을 보며, 우리도 무슨 일이 생기면 앞뒤 가릴 것 없이 무조건 거리로 뛰쳐나가 목소리 높여 싸우는 것만이 능사가 아니란 것도 기억할 필요가 있다. 가끔은 흐르는 물처럼 그냥 흘러가게 내버려 둘 필요가 있다. 비록 그것이 지금 당장은 조금 불안하게 보일지라도.

3. 영국식 교육: 내가 고통스러워도 논문을 쓰는 이유는?

↑ 사진 설명: 영국에서 구멍날 때까지 신은 신발

내 생애 첫 논문은 영국 버밍엄대학교 공과대학에서 쓴 학사 논문이다. 지도교수는 첫만남에서 참고문헌까지 100장 정도는 써야 한다고 담담히 말했다. 지도교수는 뭘 가르쳐주기 보다는 내가 무엇을 할 것이고, 그걸 어떻게 할 것인지 물었다. 다음 미팅에서 지도교수는 내가 뭔가 연구해온 것을 말하면 그 부분에 대해 내가 미처 생각하지 못한 것들을 깨닫게 해주었다. 지도교수는 내가 스스로 뭔가를 하도록 옆에서 조언을 해줄 뿐 나에게 뭘 하라고 시키지 않았다. 이것이 영국의 전통적인 1:1 튜토리얼 제도이다.

지금은 이렇게 쉽게 얘기하지만, 그땐 많이 전공 지식도 부족했고 영어도 많이 부족했다. 1998년 IMF가 한창이던 시기였다. 부모님에게 꼭 졸업하고 오겠다고 큰 소리치고 영국에 왔다. 하루하루 타들어가는 심정으로 공부하던 시절이었다. 지도교수는 큰 틀에서 나의 논문에 대해 조언을 했고 나는 누가 가르쳐 주지도 않았지만, 스스로 도서관에 가서 논문작성법에 관한 책을 참고해가며 일 년 동안 논문을 썼다. 그동안 각종 과제 보고서를 써봤으니 영어로 쓰는 건 어느 정도 단련되었다고 생각하였다. 하지만 논문은 차원이 좀 달랐다. 단순히 물리적인 양만 늘어난 게 아니라 전체적인 논리의 흐름과 질적 수준이 달랐다. 혼자 나쁜 머리를 탓하며 밤을 지새우기도 했고, 그렇게 학사 학위 논문을 제출했다. 죽는 줄 알았다.

두 번째 논문은 영국 워릭대학교 공과대학에서 쓴 석사 논문이다. 학사 학위지만 그래도 논문을 한 번 써봤으니 그리 큰 문제는 없을 것이라고 나도 생각했고, 다른 사람들도 그렇게 생각했다. 하지만 착각은 금물. 요구되는 물리적인 양적 분량은 비슷했지만, 석사 학위 수준에서 요구하는 질적 요구는 조금 달랐다. 눈이 많이 내렸던 2000년 12월. 크리스마스 시즌이라고 남들은 다 집에 갔지만 혼자 기숙사에 남아 토 나올 때까지 논문을 썼다. 역량 부족을 절감하며 지도교수를 찾아갔더니, 지도교수는 자기도 그때 그랬다며 그저 블랙커피나 더 마시란다.

영국 워릭대학교 공과대학에서 박사 학위를 시작한 지 1년 후부터 대학원에서 공식적으로 석사 학생들의 논문을 지도하였다. 한국에서 현역으로 군복무를 하였고, 영국에서 학부와 석사를 하였으므로 이들이 보기에는 전혀 문제가 없었다.*

나는 첫해에는 4명을 배정 받았고, 둘째 해에는 2명을 배정 받았다. 지도한 학생 중에서 표절이 심각했던 중국인 학생 1명을 제외하고, 5명 모두 석사 학위를 받았다. 하지만 정작 내 논문은 지지부진했다. 이런 상태의 논문을 제출하기에는 괜히 자존심이 상했다. 그동안 들인 시간, 노력, 비용이 아까웠지만, 깨끗하게 포기했다. 후회는 없었다. 배울 만큼 배웠다고 생각했고, 배운 것을 써먹으면 된다고 생각했다.

우리나라로 돌아왔다. 나름 그동안 배운 것을 바탕으로 테크

---

* 영국은 모병제다. 따라서 자발적으로 군복무하고 있는 군인과 예비역에 대한 대우가 남다르다. 수세기 동안 전쟁을 치렀기 때문에 귀족부터 평민까지 가족 중에 대부분 참전용사가 최소 한 명 정도는 있고, 노블리제오블리제가 생활화 되어 있는 영국에서 군복무를 하지 않은 귀족은 상상하기 어려운 문화도 군인과 예비역을 존중하는 국민적 공감대 형성에 한 몫 한 것 같다. 상황이 이렇다보니 군복무를 한 사람에 대한 존경과 대우가 남다르다. 영국에서는 동네 공원에 가면 그 동네에서 참전하여 전사한 동네 주민의 이름이 새겨진 충혼탑이 있다. 이튼스쿨 같은 명문사립학교뿐 아니라 일반 학교에도 참전용사의 명단이 자랑스럽게 새겨져있다. 자부심인 것이다. 덕분에 나 역시 군복무 경력과 우리나라에서 짧은 기간이었지만 직장생활을 한 배경 때문에 박사과정 학생이었지만 석사과정 학생들의 논문을 지도할 수 있었다.

니컬 라이팅^{Technical Writing}을 강의하며 밥벌이를 하였다. 당시 우리 나라 대기업들은 글로벌 기업으로 거듭나고 있었고, 해외 진출이 본격화 되고 있었다. 외국인 직원들도 늘어나다 보니 사내 공용어를 영어로 하겠다고 선포하는 대기업이 하나둘씩 늘어났다. 국내 대학들도 국제화 시대를 맞이하여 본격적으로 영어강의 비율을 늘려가고자 했고, KAIST는 100% 영어 강의를 선언하기도 하였다. 영국에서 공대를 나온 내가 영어로 어려워하는 공대생과 엔지니어를 도울 만한 부분이 있다고 판단했고, 영어 기술글쓰기 분야에 초점을 맞췄다. 벌이는 괜찮았다. 어느 시점이 되자, 지금 하는 일을 장기적으로 더 오래 하려면 박사 학위가 필요하다는 생각을 하게되었고, 고심 끝에 박사 학위를 다시 도전하기로 하였다.

새로 박사 학위를 시작하기 전에 초심으로 돌아가 무엇을 할 것인지, 어디에서 할 것인지, 얼마나 할 것인지 등을 고민하였다. 당시 내가 공대에서 박사과정을 하던 영국 워릭대학교 사회과학대학에서는 영국 학생들의 과제물을 언어 빅데이터로 구축하여 언어적 특징을 분석하고, 이를 바탕으로 어떻게 가르칠 것인지에 관한 연구가 한창 진행되고 있었다. 좌고우면할 필요가 없었다.

박사 재수생으로서 이번만큼은 박사 학위를 받아야 했다. 학·석사 학위 논문도 써봤고, 공대였지만 박사 학위 논문도 어느 정도 써봤고, 논문지도도 해봤다. 하지만 기본 이수과목을 마친 다음 자료 분석을 하며 철석같이 믿고 있던 자료에 문제가 있다는 것을 알게 되었다. 내가 계획했던 것과 달리 새로 처음부터 다시 해야 하는 상황인 것을 알게 되었고 과연 내가 할 수 있을지 멘붕이 왔다. 불안했고, 그 길로 귀국하였다. 몇날 며칠을 고민하였다. 여기서 그만두어야 하나, 아니면 박사 삼수를 해야 하나. 선택지가 없었다. 죽이 되든 밥이 되든 정면 승부할 수밖에 없었다. 마음을 비우고 다시 영국으로 돌아갔다.

　나보다 박사 학위 과정을 일 년 먼저 끝낸 누나가 영국 옥스퍼드대학교에서 석사 학위를 하나 더 한단다. 덕분에 큰 공원이 있는 옥스퍼드에 같이 살면서 박사 학위 논문을 썼다. 도 닦는 심정으로 박사 학위 논문을 썼다. 신발에 구멍 날 때까지 하루 4시간 이상씩 옥스퍼드 대학 공원Oxford University Parks를 걸으며 마음을 다스렸다. 논문을 다시 썼다. 무식하게. 그리고 끝냈다. 진짜 죽는 줄 알았다.

　2011년 교육학 박사 학위를 받고 난 후, 지금까지 국제학술지 논문을 포함 30편 가까운 전문 학술지 논문을 썼고, 8권의 전문 학술서를 출간했다. 혼자서도 써봤고, 여러 명과 공동으로도 써봤다. 우리나라 사람하고 써봤고, 외국인(영국, 호주, 캐나다 등)하고도 써봤다. 한글로도 써봤고, 영어로도 써봤다. 지금도 논문과 책을 쓴다. 과거 한국교육과정평가원에서 연구원으로 일할 때는 대학과 달리 인센티브가 나오지 않는다. 오히려 내 돈으로 부족한 논문 심사비와 게재료를 낸다. 승진이나 보직과도 거리가 멀다.

논문을 한 편 쓰고 나면, 애를 하나 낳은 것 같다. 논문이 한 편 나오기까지 많게는 100번이 넘는 퇴고를 한다. 밤새 퇴고를 하다 보면 눈이 흐려지고 토가 나오려고 한다. 나쁜 머리를 탓하며 어느 수준이 될 때까지 뇌를 짜고 또 짠다. 나중에는 뇌 속에 피도 안 돌고, 그냥 머리가 멍해진다. 고통스러워하면서 그렇게 논문을 쓴다. 사람들이 가끔 그렇게 고통스러운데 뭐하러 논문을 쓰냐고 묻는다. 배운 사람으로서 배운 것을 나누기 위해서다. 그게 배운 사람의 역할이라고 생각하기 때문이다.

돌이켜보면 내가 영국에서 배운 영국식 교육은 결국 독립 인간이 되도록 만드는 게 아닌가 싶다. 문제를 주고 문제해결을 하는 방식이 아니라 스스로 문제를 찾아 그것을 어떻게 합리적으로 풀어 가는지를 훈련하는 것이다. 그런면에서 보면 영국에서 유학하는 동안 선생님들에게 늘 들었던 말은 **답은 없다**는 것이다. 뭔가 이상하지 않나? 답이 없다니... 답이 없으면 어쩌나? 우리나라 사람들에게는 절대 용납될 수 없는 말이다. 하지만 영국에서는 자연스러운 말 중 하나다. 생각해보면 사람 사는 데 어떤게 성공한 삶인가? 답이 없다. 사람마다 생각이 다르니 내가 생각하는 성공한 삶과 다른 사람이 생각하는 성공한 삶은 다를 수 있다. 그래서 영국인들은 답이 없다는 말을 자주한다. 웬만해선 모든 게 상대적일 수 있기 때문이다. 내 답은 나만이 찾을 수 있기 때문에 답이 없다고 당황할 필요 없다.

참고문헌 및 기타 유용한 자료

● 김치헌(2015). 영국 낭만주의 생태학 입문. 서울: 서강대학교출판부.
● 김치헌, 김학준(2017). 베드로 파브르 성인: 예수회의 첫 사제, 이냐시오의 첫 동료. 서울: 가톨릭출판사.
● 정채관, 권혁승(2017). 2015 개정 영어과 교육과정에 따른 기본 어휘 및 외래어 목록 변화형 연구: 코퍼스적 접근. 외국어교육연구, 31(2), 175-201.
● 진경애, 정채관. (2020, KCI). 초등학교 3학년 학생들의 영어 선행학습 실태 연구. 초등영어교육, 26(1), 83-107.
● 정채관, 권혁승 (2017). 2015 개정 영어과 교육과정에 따른 기본 어휘 및 외래어 목록 변화형 연구: 코퍼스적 접근. 외국어교육연구, 31(2), 175-201.
● 정채관, 안계명, 홍선호, 이완기, 심창용, 이재희, 김해동, 김명희, 김선웅 (2018). 4차 산업혁명과 미래 영어교육. 서울: 한국문화사.
● 옥스퍼드 리딩 트리 설명 https://www.instagram.com/greenavenue_laha

저자소개

정채관 교수(대표 저자)

■ 학력
영국 버밍엄대학교 생산공학·일본어 학사
영국 워릭대학교 경영공학 석사
영국 워릭대학교 응용언어·영어교육학 박사

■ 주요 경력
서울대 교수학습개발센터 선임연구원
한국교육과정평가원 영어시험출제연구실, 영어교육
센터, 임용시험센터, 교육과정·교과서본부, 교육평가
본부 부연구위원
(현재) 국립인천대학교 영어영문학과 교수
(현재) 국립인천대학교 코퍼스연구소 영어영재교육
　　　　연구실 책임 교수

■ 주요 저서
『한 눈에 들어오는 이공계 영어기술글쓰기』
『코퍼스 언어학 입문』
『2020 한국초중등교육의 향방과 과제』
『김정은 시대 북한의 교육정책, 교육과정, 교과서』
『원자력 영어: 핵심 용어 및 실제 용례』
『코퍼스 언어학 기초』
『4차 산업혁명과 미래 영어교육』

정영옥 교수

■ 학력
영국 워릭대학교 영어교육학 석사
영국 옥스퍼드대학교 아동교육과 발달학 석사
영국 워릭대학교 응용언어·영어교육학 박사

■ 주요 경력
한국교육개발원 영재교육연구센터 부연구위원
옥스퍼드대학교 한인교육협회장(Oxford Education
Society Korean Champion)
(현재) 고려사이버대학교 아동영어과 외래 교수

■ 주요 저서
· *Effective approaches to teaching English writing*

Steve Mann 교수

■ 주요 경력
(현재) 영국 워릭대학교 사회과학대 응용언어센터 교수

■ 주요 저서
· *The Routledge Handbook of English Language
Teacher Education*
· *Reflective practice in English Language Teaching :
research-based principles and practices*
· *The research interview*

Fiona Copland 교수

■ 주요 경력
  (현재) 영국 스털링대학교 사회과학대 테솔 교수

■ 주요 저서
  · *TESOL Voices: Young Learner Education*
  · *The Routledge Handbook of Teaching English to Young Learners*

김보민 박사

■ 학력
  영국 런던대학교 테솔학과 석사
  한국외국어대학교 테솔학과 석사(교수법 전공)
  한국외국어대학교 테솔학과 박사(교수법 전공)

■ 주요 경력
  주니어 헤럴드 ENIE 수업진행
  경인여자대학교, 경기공업대학교, 한국외국어대학교 시간강사
  (현재) 한국외국어대학교 외국어교육연구소 초빙연구원

내 아이와 영어산책 영잘알 부모의 슬기로운 영어 공부법

1판 1쇄 발행 2021년 5월 1일

지 은 이 | 정채관·정영옥·Steve Mann·Fiona Copland·김보민
펴 낸 곳 | 한국문화사
등   록 | 제1994-9호
주   소 | 서울시 성동구 아차산로49, 404호(성수동1가, 서울숲코오롱디지털타워3차)
전   화 | 02-464-7708
팩   스 | 02-499-0846
이 메 일 | hkm7708@hanmail.net
홈페이지 | http://hph.co.kr

ISBN   979-11-6685-023-3 03740